全国“八五”普法教材
公民法治素养提升丛书 1

U0817032

领导干部

LINGDAO GANBU

应知应会
法律知识学习手册

YINGZHI YINGHUI
FALÜ ZHISHI XUEXI SHOUCE

以案普法版

中国法制出版社
CHINA LEGAL PUBLISHING HOUSE

丛书总序

2021 年是“十四五”开局之年，我们党迎来建党 100 周年。今年也是“八五”普法启动实施的第一年。为了深入学习宣传贯彻习近平法治思想及中央全面依法治国工作会议精神，增强“四个意识”、坚定“四个自信”、做到“两个维护”，主动适应我国进入新发展阶段、贯彻新发展理念、构建新发展格局的需要，配合“八五”普法规划的启动实施，着力在提高普法的针对性、实效性上下功夫，推动普法工作高质量发展，切实以习近平法治思想武装头脑、指导实践，引领新发展阶段全民普法工作，把习近平法治思想落实到普法工作全过程、各环节，中国法制出版社组织法律领域的相关专家编写了本套“公民法治素养提升丛书”。

本套丛书根据《中央宣传部、司法部关于开展法治宣传教育的第八个五年规划（2021－2025 年）》的部署和精神，把习近平法治思想宣传同普法宣传结合起来，旨在进一步提升公民法治素养，推动全社会尊法学法守法用法，引导全社会坚定不移走中国特色社会主义法治道路。丛书将读者群分为公民、领导干部、国家工作人员、企业职工、农民、青少年、老年人、企业经营管理人员、村（社区）“两委”干部等不同群体，根据不同读者群的不同法律需求精心选取各读者群体工作或生活中常见的案例，深入剖析案例背后所含的法律知识，以期培养各读者群体的法律意识，提升公民法治素养。书中内容按照案情介绍、法律解析、法条链接三个部分的体例展开，从专业法律分析的角度作出详细而全面的解答，并附录相关法律条文方便读者查找法律依据。希望本套丛书能够让人民群众读得懂、传得开、用得上，助力全国“八五”普法工作。

前　言

领导干部是各单位的核心组成人员。在政治方向上，领导干部发挥着导向作用；在科学决策中，领导干部起着主导作用；在人才选用上，领导干部发挥着关键作用；在班子团结上，领导干部起着核心作用；在廉政建设中，领导干部起着表率作用。无论对国家、社会，还是对人民而言，领导干部的作用都至关重要。新时期，我国全面推进依法治国策略，领导干部更是依法治国的重要组织者、推动者、实践者。这就要求领导干部发挥好带头作用，在实际工作中要强化法治思维，坚持依法办事、依法行政。

2020年11月，中央全面依法治国工作会议在北京召开，习近平在会议上发表重要讲话，强调要坚持抓住领导干部这个“关键少数”。各级领导干部要坚决贯彻落实党中央关于全面依法治国的重大决策部署，带头尊崇法治、敬畏法律，了解法律、掌握法律，不断提高运用法治思维和法治方式深化改革、推动发展、化解矛盾、维护稳定、应对风险的能力，做尊法学法守法用法的模范。为了配合广大领导干部学习和了解相关法律知识，我们特别编写了《领导干部应知应会法律知识学习手册》一书。

在内容上，本书主要有以下三个方面：

第一，案情介绍。我们针对领导干部选取了常见案例，用简练、通俗、生动的语言加以整理汇编，向大家展示了一个个似乎可以亲眼所见的故事，并引发大家思考，激发大家学习法律知识的兴趣。

第二，法律解析。针对上面的案情介绍，我们从专业律师的角度给大家作出了详细而全面的解答，在解惑的同时，使大家获得相关的法律知识。

第三，法条链接。在前面案情介绍之后，我们又及时地列明了相关的法律条文，给大家一个宏观学习和了解法律专业知识的机会，从而更能加深对某一法律知识点的理解。

在特色上，本书主要有以下两个方面：

第一，全面实用。本书囊括了与领导干部有关的各种法律知识，相当全面；并且案情情景与法律知识点都是大家可能面临或遇到的，非常实用。

第二，通俗便捷。本书避开了法言法语，使用了通俗易懂的语言，力求把法律知识简易地传递给大家；在便捷性上，主要体现为大家能通过对小目录的查找，轻松找到相关的法律知识点，可谓一查便知。

当然，由于时间和水平的限制，书中难免有不妥之处，敬请批评指正！

目　录

第一章　全面依法治国

1. 什么是全面依法治国？ …………………………………… 3
2. 推进全面依法治国有什么意义？ ………………………… 4
3. 全面依法治国为什么要坚持党的领导？ ………………… 5
4. 宪法在全面依法治国中有什么重要作用？ ……………… 7
5. 中国特色社会主义法治体系主要包含哪些内容？ ……… 8
6. 如何推进严格规范公正文明执法？ ……………………… 9
7. 坚持公正司法有什么意义？ ……………………………… 11

第二章　法治思维与法治方式

1. 什么是法治思维？其有哪些特点？ ……………………… 15
2. 什么是法治方式？其有哪些特点？ ……………………… 16
3. 法治思维与法治方式有哪些联系？ ……………………… 17
4. 领导干部具备法治思维的必要性有哪些？ ……………… 19
5. 领导干部如何培养法治思维？ …………………………… 20
6. 领导干部法治思维的主要表现有哪些？ ………………… 22
7. 如何将法治思维与法治方式联系起来并运用到工作中去？…… 24

第三章 宪法

1. 县级人大常委会的委员有权撤销本级政府的错误命令吗？…… 29
2. 公安机关可以直接逮捕全国人大代表吗？…… 30
3. 县长可以干涉人民法院的审判吗？…… 31
4. 选民是否有权罢免不称职的人大代表？…… 33
5. 机关领导能否干涉员工的宗教信仰？…… 34
6. 哪些人需要进行宪法宣誓？宪法宣誓誓词是什么？…… 36

第四章 行政法律

1. 受委托的行政执法单位有权再转委托行政处罚权吗？…… 41
2. 当事人因违法行为受到刑事制裁后，行政机关还可以给予行政处罚吗？…… 43
3. 生态环境局能够对违法行为人进行行政拘留吗？…… 44
4. 行政机关可以先作出行政处罚决定再收集证据吗？…… 46
5. 行政处罚是否有时间限制？…… 47
6. 行政强制措施可以委托他人进行吗？…… 48
7. 行政机关可以申请人民法院实施行政强制执行权吗？…… 50
8. 在申请法院强制执行的情况下，谁应当承担强制执行所需要的费用？…… 52
9. 行政机关工作人员的个人行为侵犯公民合法权益的，国家承担赔偿责任吗？…… 54
10. 行政复议期间，可以停止执行该具体行政行为吗？…… 55

11. 行政复议中，被申请人在收到申请书副本后能否以口头形式作出答复？ …… 57
12. 行政许可中，举行听证会应遵循怎样的法定程序？ …… 59
13. 有关机关未在法定期限内办结信访事项，应当如何进行处理？ …… 61

第五章 纪检监察法律

1. 对于党员的纪律处分包括哪些？ …… 65
2. 党员在哪些情况下会被开除党籍？ …… 66
3. 如何区分有关责任人员的失职、渎职行为？ …… 68
4. 违规参加自发成立的“战友会”，会受到怎样的纪律处分？ …… 70
5. 党员干部见死不救的，可能受到何种纪律处分？ …… 71
6. 党员干部生活奢靡浪费、贪图安逸的，要受到何种纪律处分？ …… 73
7. 国家公务员对监察机关作出的处分决定不服的应该怎么办？ …… 75
8. 办理与其近亲属有利害关系的监察事项时，监察人员应当回避吗？ …… 76
9. 查询涉案人员的存款属于监察机关的权限吗？ …… 78
10. 有关部门可以拒绝采纳监察建议吗？ …… 79
11. 办理监察事项中发现犯罪的，监察机关应当如何处理？ …… 81
12. 对于出具伪证的被监察人员要承担什么法律责任？ …… 83
13. 对于监察机关所提问题保持沉默的被监察人员，需要承担什么法律责任？ …… 85

14. 根据实际情况和需要，监察机关在调查违反行政纪律行为时可以采取哪些措施？ …………………………… 87
15. 违纪后可能会被从宽处罚的情形有哪些？ ……………… 89
16. 被监察委调查了，可能受到哪些处置？ ………………… 91
17. 盲目上项目，搞“政绩工程”，会受到怎样的纪律处分？ …… 93
18. 对于因违法监察而造成的损害，可以请求赔偿吗？ ……… 95

第六章　国家安全与保守国家秘密法律

1. 什么是国家安全，应坚持怎样的国家安全观？ ………… 99
2. 哪些部门有权搜集涉及国家安全的情报信息？ ………… 100
3. 对即将发生的危害国家安全的事件，情况紧急，可以越级上报吗？ ………………………………………… 102
4. 国家秘密的保密期限有多久？ ……………………………… 103
5. 哪些情形下国家秘密应当被解密？ ………………………… 105
6. 涉密人员出境应当如何处理？ ……………………………… 107
7. 对涉密信息系统的管理，应严防出现哪些行为？ ……… 108
8. 保密工作责任制是怎么回事？ ……………………………… 110
9. 单位组织保密培训有必要吗？ ……………………………… 112
10. 只有单位负责人才能成为定密责任人吗？ ……………… 113
11. 定密责任人的职责有哪些？ ……………………………… 115
12. 属于国家秘密的文件需要通过什么途径进行传递？ …… 116
13. 单位载有国家秘密的计算机坏了，可以请外单位的人员来修吗？ …………………………………………… 118
14. 销毁载有国家秘密的设备或文件时，应该怎样做？ …… 120
15. 泄密事件发生后，应该立即采取什么措施？ ………… 121

第七章　刑法

1. 收受了别人的钱财，却没有为他人谋取利益的，构成受贿罪吗？ …… 127
2. 滥用职权作决定，造成了损失，是犯罪吗？ …… 128
3. 国家工作人员拥有巨额财产却说不清该财产来源的，能否构成巨额财产来源不明罪？ …… 130
4. 局长儿子收受贿赂为行贿人谋取不当利益构成犯罪吗？ …… 131
5. “剥夺政治权利”是指什么？ …… 133
6. 紧急避险适用于职务上负有特定责任的人吗？ …… 135
7. 自首可以减轻处罚吗？ …… 136
8. 挪用扶贫资金应该从重处罚吗？ …… 138
9. 卫生健康委严重不负责任，导致病毒大范围流行的，可能构成什么犯罪？ …… 140
10. 派出所民警向组织赌博的犯罪分子通风报信，触犯了什么罪名？ …… 142
11. 可以随意将禁止出口的文物送给外国友人吗？ …… 143

第八章　诉讼法律

1. 威胁证人作证，会承担怎样的法律后果？ …… 147
2. 因自然灾害导致上诉期被延误，上诉期可以顺延吗？ …… 149
3. 原判决是否会因为当事人申请再审而停止执行？ …… 150
4. 当事人故意毁损法院查封的财产，要承担什么责任？ …… 152
5. 在微博上发现自己的名誉权受到侵犯，应如何保留证据？ …… 153

6. 刑事诉讼中，辩护律师对与委托人有关的情况和信息有权予以保密吗？ …… 155
7. 刑事诉讼中，被告人有权自行辩护吗？ …… 157
8. 上诉不加刑原则的含义是什么？ …… 158
9. 被诉行政机关的负责人在行政诉讼中因事不能出庭的，应该如何处理？ …… 160
10. 行政诉讼中，证明原告起诉超期的举证责任由谁承担？ …… 161
11. 行政诉讼中，原告举出的证据不成立，被告需要继续证明其行为合法吗？ …… 163
12. 行政诉讼中，被告无故缺席需作缺席判决的，被告提供的证据可以作为定案依据吗？ …… 164
13. 行政诉讼中，复议机关在复议程序中新收集到的证据能否证明原行政行为合法？ …… 166
14. 法院判令行政机关重作行政行为的，行政机关可否就同一理由再次作出相同的处罚？ …… 167

第九章　社会保障与救助法律

1. 退休时，养老保险累计缴纳不足十五年，可以享受养老保险待遇吗？ …… 171
2. 所有的药品都可以用基本医疗保险支付吗？ …… 172
3. 在退休后，住房公积金可以取出来吗？ …… 174
4. 允许设立自然灾害救助物资储备库的地区应该符合哪些条件？ …… 176
5. 自然灾害发生后，政府有通报自然灾害的损失情况的义务吗？ …… 178

6. 应该奖励在救灾中有突出贡献的单位或个人吗？ ………… 180
7. 政府在自然灾害预警启动后，应该采取哪些必要的措施呢？ ………………………………………………………… 181
8. 政府应该怎么处理因救灾所征用的挖掘机？损坏的需要赔偿吗？ ……………………………………………………… 183
9. 对救灾物资挪用、私分的，根据法律规定应当如何处理？ …… 184
10. 用人单位吸纳就业救助对象，政府会给予哪些优惠政策？ ……………………………………………………… 186
11. 残疾人如果选择自主创业，国家对其有何帮扶政策？ …… 187
12. 社会救助服务内容可以被政府承包出去吗？ ………… 189

第十章　教育、就业、医疗卫生法律

1. 就业专项资金的用途有哪些？ …………………………… 193
2. 政府有义务帮助农村富余劳动力转移就业吗？ ………… 194
3. 人才交流服务中心举办招聘会，可以向劳动者收费吗？ …… 196
4. 政府应该建立怎样的就业援助制度？ …………………… 197
5. 教育经费支出应该得到特别的“照顾”吗？ ………… 199
6. 教育专项资金应着重用到哪些方面？ …………………… 200
7. 城乡建设规划包含学校的基本建设吗？ ……………… 202
8. 教育对外交流与合作，应坚持怎样的原则？ ………… 203
9. 城乡医疗救助基金有哪些来源？ ………………………… 205
10. 对贫困落后地区如何支付城乡医疗救助基金？ ……… 207
11. 领导干部隐瞒、谎报、缓报疫情的法律后果是什么？ …… 208

第十一章 市场经济法律

1. 地方政府对外来产品收取高价管理费，是不正当竞争吗？…… 213
2. 粮食的订购价格是由谁来决定的？…… 215
3. 单位内的国家重点保护植物可以随意拍卖吗？…… 217
4. 内幕交易要承担怎样的法律责任？…… 218
5. 政府能对本地品牌进行价格保护吗？…… 220
6. 政府采购招投标中，本地企业能优先吗？…… 222
7. 在政府采购活动中，与供应商存在利害关系的采购人员是否需要回避？…… 224
8. 哪些领导干部是经济责任审计的对象？…… 226
9. 领导干部对履行经济责任过程中的哪些行为应当承担直接责任？…… 228
10. 领导干部对履行经济责任过程中的哪些行为应当承担领导责任？…… 230
11. 经济责任审计结果对领导干部具有怎样的意义？…… 232

第十二章 生态环境保护法律

1. 环境保护应该坚持哪些原则？…… 237
2. 环境保护目标责任制和考核评价制度是怎么回事？…… 238
3. 县级以上人民政府在环保工作上受谁监督？…… 240
4. 法律对加强农业环境的保护是如何规定的？…… 241
5. 对于环境污染突发事件，有关人民政府应该怎么做？…… 243
6. 对于农村饮水保护等，政府应该安排财政预算吗？…… 245

7. 上级发现下级人民政府中的有关工作人员有违法行为的，应该如何做？ …………………………………………………… 246

第十三章　生产安全与食品安全法律

1. 领导干部迟报、漏报、谎报或者瞒报生产安全事故的法律后果是什么？ ………………………………………… 251
2. 安全生产"一票否决"制是怎么回事？ ……………………… 253
3. 退休前负责的安全生产项目因存在隐患而造成严重后果的，退休后也会被追究责任吗？ ………………… 254
4. 地方各级党委主要负责人的食品安全职责内容有哪些？ …… 256
5. 地方各级政府主要负责人的食品安全职责内容有哪些？ …… 258
6. 地方党政领导干部在食品安全工作中的哪些行为会得到表彰？ …………………………………………………… 260
7. 地方党政领导干部在履行食品安全责任的过程中的哪些行为会被问责？ ………………………………………… 262

第一章

全面依法治国

建设中国特色社会主义法治体系，建设社会主义法治国家是全面推进依法治国的总目标。推进全面依法治国，要坚持抓住领导干部这个“关键少数”。习近平总书记明确指出：“各级领导干部要坚决贯彻落实党中央关于全面依法治国的重大决策部署，带头尊崇法治、敬畏法律，了解法律、掌握法律，不断提高运用法治思维和法治方式深化改革、推动发展、化解矛盾、维护稳定、应对风险的能力，做尊法学法守法用法的模范。”领导干部在推进全面依法治国中肩负重要责任，只有了解法律、掌握法律，才能正确行使权力、开展工作。

1. 什么是全面依法治国？

全面依法治国，强调的是国家的政治、经济、社会、文化等各方面的活动要严格按照法律规定进行，任何个人意志不得干预。需要注意的是，全面依法治国中的“法”，是由国家制定或认可并由国家强制力保证实施的社会行为规范的总称，它以权利义务为主要内容，体现的是统治阶级的意志。

党的十八大以来，以习近平同志为核心的党中央明确提出全面依法治国，并将其纳入“四个全面”战略布局。2014 年10月，党的第十八届中央委员会第四次全体会议首次专题讨论依法治国问题，并通过了《中共中央关于全面推进依法治国若干重大问题的决定》，进一步明确了依法治国路径图。党的十九大提出了要在 2035 年基本建成法治国家、法治政府、法治社会的宏伟目标，全面依法治国再次开启了新篇章。

全面依法治国到底是什么？习近平总书记在《关于〈中共中央关于全面推进依法治国若干重大问题的决定〉的说明》中进一步阐释了全面依法治国的总目标：“在中国共产党领导下，坚持中国特色社会主义制度，贯彻中国特色社会主义法治理论，形成完备的法律规范体系、高效的法治实施体系、严密的法治监督体系、有力的法治保障体系，形成完善的党内法规体系，坚持依法治国、依法执政、依法行政共同推进，坚持法治国家、法治政府、法治社会一体建设，实现科学立法、严格执法、公正司法、全民守法，促进国家治理体系和治理能力现代化”。

目前，全面依法治国已经取得历史性成就，形成了马克思主义法治理论中国化的最新成果习近平法治思想，深刻回答了为什么实行全面依法治国、怎样实行全面依法治国等一系列重大问题，其核心要义就是“十一个坚持”，即坚持党对全面依法治国的领导，坚持以人民为中心，坚持中国特色社会主义法治道路，坚持依宪治国、依宪执政，坚持在法治轨道上推进国家治理体系和治理能力现代化，坚持建设中国特色社会主义体系，坚持依法治国、依法执政、依法行政共同推进，法治国家、法治政府、法治社会一体建设，坚持全面推进科学立法、严格执法、公正司法、全民守法，坚持统筹推进国内法治和涉外法治，坚持建设德才兼备的高素质法治工作队伍，坚持抓住领导干部这个“关键少数”。

2. 推进全面依法治国有什么意义？

全面推进依法治国，不是局限于某一部分、某一领域，而是一项系统工程，它是以习近平同志为核心的党中央站在全局高度作出的一项重大战略部署，是解决我们党和国家事业发展面临的一系列重大问题，解放和增强社会活力、促进社会公平正义、维护社会和谐稳定、确保党和国家长治久安的根本要求。

推进全面依法治国，有利于推进国家治理体系和治理能力现代化。习近平总书记在中央全面依法治国工作会议中指出：“推进全面依法治国是国家治理的一场深刻变革。”全面依法治国要求提高党依法治国、依法执政的能力。其中表现之一就是要通过法定程序使党的领导入法入规，进一步推进党的领导制度化、法治化、规范化，强化领导干部依法治国、依法执政理念，运用法治手段保障改革发展稳定，继而逐渐实现国家治理制度化、程序化、规范化、法治化，有效升级国家治理体系和治理能力。

推进全面依法治国，有利于发展社会主义民主，保障人民当家做主。习近平总书记在中央全面依法治国工作会议上强调："全面依法治国最广泛、最深厚的基础是人民，必须坚持为了人民、依靠人民。"全面依法治国要求坚持以人民为中心，用法治保障人民当家作主。全面依法治国的各领域全过程都要体现人民利益、反映人民愿望、维护人民权益、增进人民福祉。

推进全面依法治国，有利于为全面建设社会主义现代化国家、实现中华民族伟大复兴夯实法治基础。中国特色社会主义法治道路，究其根本是中国特色社会主义道路在法治领域的具体体现。法治是治国之重器，良法是善治之前提。法治体系的健全能够帮助我们在面对新业态新模式时更有条理、在面对复杂的国内国际环境时更有底气，有效发挥法治固根本、稳预期、利长远的重要作用，为党和国家事业发展提供长期的制度性保障。

3. 全面依法治国为什么要坚持党的领导？

坚持党对全面依法治国的领导是习近平法治思想的重要内容，习近平法治思想深刻阐明了全面依法治国为什么必须要坚持中国共产党的领导和怎样坚持党对全面依法治国的领导这一问题。习近平总书记指出，党的领导是推进全面依法治国的根本保证。全面依法治国，必须坚持党的领导。

坚持党对全面依法治国的领导，是历史经验和社会实践总结出的不二选择。新中国成立 70 多年来，我们党一直在追求法治。从 1954 年宪法到 2018 年的宪法修正案，"社会主义法制"逐渐发展为"社会主义法治"，"有法可依、有法必依、执法必严、违法必究”进阶为“科学立法、严格执法、公正司法、全民守法”……历史发展到今天，要不要搞法治、搞什么样的法治、如何搞法治这一重大命题已有答案，这离不开党中央长期的理论选择和实践探索。

坚持党对全面依法治国的领导，是中国特色社会主义法治的本质要求。我国《宪法》第一条第二款规定：“社会主义制度是中华人民共和国的根本制度。中国共产党领导是中国特色社会主义最本质的特征。禁止任何组织或个人破坏社会主义制度。”中国特色社会主义最本质的特征就是党的领导，中国特色社会主义最大的优势就是中国共产党的领导。全面推进依法治国，要充分发挥党总揽全局、协调各方的领导核心作用。党的领导可以为全面依法治国提供坚强有力的政治保证，离开党的领导，全面依法治国就成为无源之水，无本之木。

坚持党对全面依法治国的领导，是在新时代推进全面依法治国的必然要求。习近平法治思想中第一个要求就是要“坚持党对依法治国的领导”，党的领导和依法治国不是对立的。习近平总书记在讲话中指出：“党和法的关系是一个根本问题，处理得好，则法治兴、党兴、国家兴；处理得不好，则法治衰、党衰、国家衰。”当前，我国正处于实现“两个一百年”奋斗目标的历史交汇期，国内国际环境愈加复杂，改革开放和社会主义现代化建设任务愈发繁重，要运用法治思维和法治手段保证党和国家长治久安，就必须要在党的统一领导下，进一步加强全面依法治国的顶层设计和总体布局，要在党的指挥引领下统筹推进、督促落实，如此才能推动全面依法治国有序进行，如期实现到2035年基本建成法治国家、法治政府、法治社会的奋斗目标。

4. 宪法在全面依法治国中有什么重要作用?

习近平总书记多次强调，坚持依法治国首先要坚持依宪治国，坚持依法执政首先要坚持依宪执政。他指出：“我国宪法是治国理政的总章程”要发挥宪法在治国理政中的重要作用。要用科学有效、系统完备的制度体系保证宪法实施，加强宪法监督，维护宪法尊严，把实施宪法提高到新水平。要在全党全社会深入开展尊崇宪法、学习宪法、遵守宪法、维护宪法、运用宪法的宣传教育活动，弘扬宪法精神，树立宪法权威，使全体人民都成为社会主义法治的忠实崇尚者、自觉遵守者、坚定捍卫者。

宪法是全面依法治国的根本依据。“宪法是国家的根本法，是治国安邦的总章程，是党和人民意志的集中体现，具有最高的法律地位、法律权威、法律效力。”这是习近平总书记在首个国家宪法日作出的重要指示。宪法规定了国家的基本政治制度和社会制度，规定了公民的基本权利和自由，还规定了整个国家的法律运行机制。作为国家的根本大法，宪法体现了人民意志，是国家各种制度和法律法规的总依据，任何法律法规不得与宪法相抵触。全面依法治国的根基在于人民，推进全面依法治国，必须坚持依宪治国、依宪执政。

宪法为坚持党的领导提供根本法律依据。全面依法治国，要始终坚持党的领导，这是社会主义法治的根本要求，是建立法治国家、法治政府、法治社会的应有之义。宪法确定了我们中国共产党的执政地位，宪法为坚持党的领导，保证党长期执政、科学执政提供根本法律依据。

宪法为全面依法治国提供根本法治保障。“宪法的生命和权威在于实施。”习近平总书记强调，要把实施宪法摆在全面依法治国的突出位置。在习近平法治思想的引领下，宪法实施机制愈发健全，宪法法律解释程序得以完善，宪法和法律委员会顺利组建，这都有利于进一步加强对行政法规、地方性法规、司法解释以及其他规范性文件的合宪性审查，能够为全面依法治国提供根本法治保障。

5. 中国特色社会主义法治体系主要包含哪些内容？

习近平总书记在中央全面依法治国工作会议上指出：“中国特色社会主义法治体系是推进全面依法治国的总抓手。要加快形成完备的法律规范体系、高效的法治实施体系、严密的法治监督体系、有力的法治保障体系，形成完善的党内法规体系。要坚持依法治国和以德治国相结合，实现法治和德治相辅相成、相得益彰。要积极推进国家安全、科技创新、公共卫生、生物安全、生态文明、防范风险、涉外法治等重要领域立法，健全国家治理急需的法律制度、满足人民日益增长的美好生活需要必备的法律制度，以良法善治保障新业态新模式健康发展。”这是对中国特色社会主义法治体系最新、最权威的论述。具体而言，中国特色社会主义法治体系包括以下内容：

第一，完备的法律规范体系。完备的法律规范体系，是中国特色社会主义法治体系的制度基础，建设完备的法律规范体系，要坚持立法先行，加强国家安全、科技创新、公共卫生、生物安全、生态文明、防范风险、涉外法治等重要领域立法，加强对新经济新业态新模式的规范，补足立法空白点。

第二，高效的法治实施体系。法律的生命在于实施，法律的权威也在于实施。高效的法治实施体系是中国特色社会主义法治体系的重要支撑。要健全法律实施体系机制，有关部门严格执法、公正司法，要在全社会宣传法律知识，早日形成全民守法的良好氛围。

第三，严密的法治监督体系。权力需要监督，建设中国特色社会主义法治体系，必须建立健全权力运行和制约监督机制。同时，对法治工作的监督也不可忽视。对此，要加强党对法治监督工作的集中统一领导，加强对立法、执法、司法工作的全面监督。

第四，有力的法治保障体系。“徒法不足以自行”，建设中国特色社会主义法治体系，必须加强法治保障，要坚持党的领导，加快打造高素质法治工作队伍，加速推进大数据、人工智能等在法治领域的运用，为建设中国特色社会主义法治体系提供有力保障。

第五，完善的党内法规体系。党内法规体系也是中国特色社会主义法治体系的重要组成部分，完善的党内法规体系，能够有效加强和改善党的领导，提高党依宪执政、依法执政的能力和水平。

6. 如何推进严格规范公正文明执法?

全面推进依法治国，要推进严格规范公正文明执法，提高司法公信力。习近平总书记指出，执法司法是否具有公信力，主要看两点，一是公正不公正，二是廉洁不廉洁。这两点说起来简单，要做到就不容易了。要扭住职业良知、坚守法治、制度约束、公开运行等环节，坚持不懈、持之以恒地抓。

那么，如何做到严格规范公正文明执法？可以着眼于以下几点：

第一，坚守执法者的职业良知。执法机关的职业良知，最重要的就是执法为民。要把强化公正廉洁的职业道德作为必修课，教育引导广大执法人员自觉用职业道德约束自己，认识到不公不廉是最大耻辱，要以人为本、执法为民，树立惩恶扬善、执法如山的浩然正气。

第二，要信仰法治、坚守法治。执法者首先要有法治精神，要知法、懂法、守法、护法，只服从事实，只服从法律，不偏不倚，不枉不纵，铁面无私，秉公执法。

第三，对于执法权，要有制度来保障，要让其在制度的笼子里运行。在执法办案各个环节都要设置隔离墙、架起高压线，谁违反制度就要给谁最严厉的处罚，如终身禁止从事法律职业，构成犯罪的要依法追究刑事责任。同时，要杜绝“一刀切”或者不作为等执法问题。

第四，要做到执法信息公开，除法律规定的情形外，一般都要公开。阳光是最好的防腐剂。要坚持以公开促公正、以透明保廉洁。对公众关注的案件，要提高透明度，让暗箱操作没有空间。要自觉接受媒体监督，以正确方式及时告知公众执法工作情况，有针对性地加强舆论引导。

第五，要解决领导机关和领导干部违法违规干预问题。各级领导干部不要去行使不该由自己行使的权力，更不能以言代法、以权压法、徇私枉法。要全面落实行政执法责任制，严格确定不同部门及机构、岗位执法人员执法责任和责任追究机制，加强执法监督，坚决排除对执法活动的干预，防止和克服地方和部门保护主义，惩治执法腐败现象。要建立健全违反法定程序干预司法的登记备案通报制度和责任追究制度，对违反法定程序干预政法机关执法办案的，一律给予党纪政纪处分；造成冤假错案或者其他严重后果的，一律依法追究刑事责任。

第六，严格文明公正执法是一个整体，要全面贯彻，文明执法、公正执法要强调，严格执法也要强调，不能畸轻畸重。强调严格执法，让违法者敬法畏法，但绝不是暴力执法、过激执法，要让执法既有力度又有温度。

第七，依法惩处各类违法行为，加大关系群众切身利益的重点领域执法力度，完善执法程序，建立执法全过程记录制度，明确具体操作流程，重点规范行政许可、行政处罚、行政强制、行政征收、行政收费、行政检查等执法行为，严格执行重大执法决定法制审核制度。

第八，强化对行政权力的制约和监督，加强党内监督、人大监督、民主监督、行政监督、司法监督、审计监督、社会监督、舆论监督制度，建设监督体系，增强监督合力和实效。

7. 坚持公正司法有什么意义?

公正司法，是指司法活动的过程和结果中要体现公平、平等、正当，权益受侵害的，要通过公正司法予以保护和救济；侵害他人合法权益的，要通过公正司法追究其法律责任。坚持公正司法，意义重大。

坚持公正司法，有利于保障当事人的合法权益。公正对待人民群众的诉求，不偏私，不枉法，严格按照法律规定保护人民群众的合法权益，制裁、惩罚违法犯罪活动，能够切实解决好人民群众维权难、维权贵的问题。

坚持公正司法，有利于维护社会公平正义。司法是否公正是社会公平正义能否实现的关键。只有真正做到了公正司法，人民群众才能通过司法程序保障自己的合法权益。只有在一桩桩、一件件案件中实现了司法公正，才能促进整个社会的公平正义早日实现。

坚持公正司法，有利于提高司法公信力。司法是维护社会公平正义的最后一道防线，实现公正司法，让人民群众在司法活动中感受到公平正义，有利于维护法律权威，有利于提高司法公信力。

第二章

法治思维与法治方式

党的十八大以来，习近平总书记的讲话中经常提到“法治思维和法治方式”。比如，习近平总书记指出：各级领导干部要提高运用法治思维和法治方式深化改革、推动发展、化解矛盾、维护稳定能力，努力推动形成办事依法、遇事找法、解决问题用法、化解矛盾靠法的良好法治环境，在法治轨道上推动各项工作；各级领导机关和领导干部要提高运用法治思维和法治方式的能力，努力以法治凝聚改革共识、规范发展行为、促进矛盾化解、保障社会和谐。可见，法治思维对于我们建设法治国家、法治政府、法治社会而言是至关重要的。而领导干部作为法治社会的引领者更是要具备法治思维和法治方式。在本章，我们将介绍法治思维和法治方式的有关内容。

1. 什么是法治思维？其有哪些特点？

思维一般是指人们在认识事物的过程中借助于概念、判断、推理等思维形式能动地反映客观现实的理性认识过程。而法治思维就是人们运用法治的概念、规定等处理现实问题的一种思维活动。法治思维主要指的是人类符合法治的精神、原则、理念、逻辑和要求的思维习惯和程式，它是对于法治比较理性的认知过程，它是一个动态的过程。具体而言，是指人们在进行法治建设的过程当中，通过综合运用法律概念、法律判断、法律推理等法治现象予以客观理性的认识过程。法治社会和法治国家的建设，是每个公民的使命。因此，法治思维的主体，应该包括所有的普通公民，尤其是党和政府的领导干部。

法治思维主要有以下特点：

（1）法治思维是一种规则思维。法治思维告诉人们哪些行为可为，也就是法律赋予我们每个人的权利。也告诉人们哪些行为不可为，这就是法律赋予我们的义务。同时，还告诉人们应该如何为，如何不为。对于一些领导干部而言，法治思维意味着严守规则，维护规则的稳定，一切按照规则办事。

（2）法治思维是一种权利义务思维。权利和义务是法律关系的重要内容，法治思维实际上也是一种依靠权利义务的理念去解决问题的思维，通过权利和义务的运行，来实现法律的各项功能。

（3）法治思维是一种程序性思维。法的实施和实现都是按照严格的程序进行的，程序性是法的重要特点，法治思维就是将一切纠纷和矛盾的解决方式，都引领到程序的轨道上来，严格按照法定程序，利用法律解决问题。

（4）法治思维是一种权衡思维。即在看待问题作出各种决策时，要用全面和发展的眼光，处理好当前和长远，局部和全局的关系，要把问题考虑得更加周全，要综合权衡利弊，找出最合适的解决方案。

（5）法治思维是一种建设性思维。法律的作用一方面就是维护社会稳定，促进社会发展。建设性思维是要求以修复社会关系为目的，利用法律建设国家，促进社会和谐，解决社会问题。

2. 什么是法治方式？其有哪些特点？

法治方式就是运用法治思维处理和解决问题的行为方式，其与法治思维是内在和外在的关系，是法治思维实际作用于人的行为的外在表现。可以说，法治思维影响和决定着法治方式，法治方式是法治思维的具体体现和反映。法治方式主要有以下特点：

（1）法治方式是以法律为根本的行为方式。所谓的法治方式，是以法律为依据而表现出的行为方式，其与人治相对立。法治方式的核心在于要依法治国，国家通过立法、执法等程序，将国家的事务纳入法律的范畴当中，做到有法可依、有法必依。法律应当凌驾于一切的人为力量之上，没有人可以独立于法律之外，不受法律的约束，这也是法治方式的基本特征所在。当人民具备法治思维之后，会依靠法治思维去对待、分析与解决相关事务，而在法治思维指导下的解决方式就是一种法治方式。法治方式以法律为主要依据和主要出发点，是法治思维的外在表现形式。

（2）法治方式是以法律的规范作用为引导的行为方式。法治方式是运用法律的规范作用，通过法律的指引、评价、教育、预测和强制功能，引导人们的行为，调整社会关系，实现社会治理。这是法治方式与其他治国方式的根本区别。法律具有规范作用，可以通过法条的规定去指引人们可以为什么行为或不可以为什么行为；可以让人们正确地评价与认识行为的法律意义；可以起到教育他人的作用；可以使人们预测到自己的行为会产生怎样的法律后果，从而决定做与不做；法律还具有一定的强制力，对于违反法律的行为，要给予应有的制裁。通过法律的规范作用，可以引导人们的行为方式，用法律来改变人们的行为方式。

(3) 法治方式是以法治理念为指导的行为方式。法治方式以法治理念为指导，其与法制相比，具有更丰富的内涵。法治方式不仅要形式合法，更要求行为的内容和结果符合公平正义。可以说，法治方式是在更为丰富的法治理念的指导下而为的行为方式。在法治理念的指导下，法律至上，凌驾于一切权力之上，其追求的是民主、自由、公平、正义。法治方式以法治理念为指导，充分体现了我国社会主义法治理念的内涵所在。

3. 法治思维与法治方式有哪些联系?

随着法治事业的不断发展，法治思维和法治方式在领导干部的工作中显得尤为重要，甚至成为衡量其工作成果的重要标尺。党的十八大提出，要提高广大领导干部运用法治思维和法治方式处理问题的能力。那么，法治思维和法治方式如何服务于社会主义法治事业的建设发展，二者之间究竟存在哪些联系呢?

(1) 法治思维是思想层面的法治，是法治方式的内在要求。具体而言，一是要求领导干部了解法治的基本内涵，在思想上树立法治观念，运用法治思维解决实际问题；二是要求领导干部具备相应的法治意识，用法治思维制定有关制度，让法治思维对制度构建起到推动作用；三是要求领导干部通过学习法治思维，形成对法治思维的内心确信和价值认同，将法治思维内化为自身的行为准则，依法办事。

（2）法治方式是实践层面的法治，是法治思维的外在表现。简单地说，法治方式就是在实践中，运用法治思维解决具体问题。法治方式应当广泛运用于领导干部的工作实践中，其在工作中应该做到“有法可依、有法必依、执法必严、违法必究”。就法治方式而言，另一个较为重要的表现就是要求领导干部在工作实践中打破陈规陋习，将原来不符合法治要求的工作方式，如“人情社会”“走后门”等办事方式完全摒弃，替代以符合法律法规要求的行为方式。

（3）法治思维和法治方式相辅相成，二者共同服务于社会主义法治事业的建设发展。司法改革的顺利进行，法治社会的建设发展，不仅要求领导干部具有法治思维，也要求其能够运用法治方式处理问题。法治思维在精神层面指导广大领导干部规范自身行为，法治方式在实践层面体现其对法治思维的践行结果。

党的十八大以后，以习近平同志为核心的党中央将依法治国确定为治国理政的基本方式。党的十九大以后，法治思维和法治方式越来越多地出现在人们的视野中，将法治思维内化于心，将法治方式外化于行，是贯彻落实党和国家路线、方针、政策的基本要求，也是领导干部提高自身法治素养、适应新时代要求的重要手段。

4. 领导干部具备法治思维的必要性有哪些?

从党的十八大到党的十九大，党一直在强调领导干部要培养法治思维，树立法治观念。那么，领导干部具备法治思维有哪些必要性呢?

（1）领导干部具备法治思维是党中央的明确要求。早在党的十八大上，党中央就明确提出过“法治是治国理政的基本方式”，“提高领导干部运用法治思维和法治方式深化改革、推动发展、化解矛盾、维护稳定能力”。党的十八届四中全会专门讨论了依法治国，就法治中国建设作出了全面部署。而依法治国的全面改革就需要依靠法治思维和法治方式来推动，自党的十八大以来，党对法治的建设以及法治思维的培养达到前所未有的高度重视。领导干部作为党的政策执行者，必须响应党的号召，坚决以身作则，培养法治思维，运用法治思维应对各项事务。

（2）要求领导干部具备法治思维是保障我国改革与发展的迫切需要。改革开放后，我国由计划经济向市场经济转变，政府对经济的干预力度逐渐减小，注重充分发挥市场的自我调节作用。但是到目前为止，我国还存在一些政府对经济干预过多的现象，尤其在领导活动中，还存在不善于运用法治原则处理政企关系、权法关系、权利义务等现实问题，使得我国的经济发展并不能完全依靠市场运作规律，甚至会出现一些领导干部以权压法，人为干预经济正常发展的现象。这就要求领导干部学会在市场经济条件下运用法律思维进行管理，进而带动其他各部门以及当地相关人员法治思维的培养，从而保证改革开放和社会主义市场经济的顺利发展。

（3）领导干部具备法治思维是人民群众的殷切期盼。随着依法治国理念的提出，国家大力倡导社会主义法治中国的建设。在推动法治进程中，人民群众的法治意识也在不断提高。实际生活中，“法盲”的数量逐渐减少，当发生纠纷后，大部分人开始选择通过法律途径来积极维权。随着人民群众法治意识的不断提高，自然对领导干部法治素养的要求也不断提高，以前的强权命令、长官意志等简单粗暴的思想越来越不能适应时代发展的需要。在这一现实要求下，在人民群众的殷切期盼下，领导干部必须培养及具备相应的法治思维，以便更好地为人民群众服务。

（4）领导干部具备法治思维是保证依法行政的内在要求。法是政府部门作出行政决策的主要依据。领导干部在进行行政工作时，必须严格依法办事，依法行政，当然，这也就要求领导干部自身必须具有必要的法治思维，只有这样，才能够保障法治在行政事务中的正确运用，才能更好地维护行政机关的权威，保障人民群众的利益。所以，领导干部具备法治思维，才能确保运用法律规范来调控领导决策过程，使领导决策行为在法律的范围内进行，并受法律保护和监督，这不仅是实现社会主义法治、依法行政的内在要求，也是实现领导决策科学化的必然要求。

5. 领导干部如何培养法治思维？

“提高领导干部运用法治思维和法治方式深化改革、推动发展、化解矛盾、维护稳定能力”是党首次对领导干部提出的应当养成“法治思维”的要求。那么，领导干部应该如何培养法治思维呢？

（1）加强学习法律知识。法律知识的储备是领导干部培养法治思维的前提。所以，领导干部想要培养法治思维，首先要做到的就是加强对法律知识的学习，只有对法律知识有了一定的了解后，才会逐渐对其加以运用，从而有助于法治思维的养成和法治方式的实践。具体来说，领导干部在学习法律知识时要结合自身的工作需要，既要学习法条的明确规定，也要掌握其中的原理所在；既要学习实体法律，也要掌握程序法律。当然，对法律的学习也不能仅局限于字面上的法律，还要学会如何运用法律，做到理论与实践相结合。通过学习掌握基本的法律知识，并在工作、生活中不断积累和更新自己的法律知识，这样才能为培养正确的法治理念奠定坚实的基础。

（2）积极参与法律实践。法律知识的学习，只是培养法律思维的前提所在。仅有法律知识的储备，而无法使法律得到运用，则无法形成法治思维。所以，在领导干部培养法治思维的过程中，还要学会积极地参与法律实践，把所掌握的法律知识与实践中发生的实际事件相结合，使字面上的法律走向实践中的法律。而且，法治思维是一种在法律实践中训练、培养和应用的思维方式。脱离活生生的法律生活和法律实践，不可能养成真正的法治思维方式。这也就要求领导干部在对待实践中的事务时，要学会从法律的角度去分析、理解，运用之前掌握的法律知识对之进行剖析，逐渐形成法治思维。

（3）加强法治建设考核。为了提高领导干部的法治素养，培养其法治思维，我们有必要把依法行政考核结果与奖励惩处、干部任免紧密挂钩。其中，我们要把领导干部是否重视法治思想的培养以及是否坚持依法行政作为考核的主要内容。为了更好地了解领导干部是否依法行政，是否具备应有的法律素质，我们主要可以通过内部调查与外部询问相结合的方式来进行。内部调查是指可以定期组织领导干部的法律知识考核，以测定其是否具备应有的法律知识，是否积极地去学习、了解法律的最新变动；外部询问的对象主要是人民群众，通过对人民群众的询问，以了解领导干部是否严格遵守依法办事。

（4）改善法治环境。法治环境与法治思维的培养是相互联系的，良好的法治环境有助于法治思维的培养，而法治思维的培养可以营造更好的法律环境。所以，要培养领导干部的法治思维，我们也要改善法治环境。改善法治环境，我们主要可以从以下方面进行：首先，加强立法，做到有法可依。随着经济的发展与新鲜事物的不断出现，新型纠纷日益凸显，我们要加强立法，为各种纠纷的解决提供法律依据。其次，做到依法行政，领导干部必须以法律为处理事务的根本。最后，加大监督力度，既要监督领导干部是否依法办事、依法行政，也要时刻进行自我监督和约束，积极学习法律知识，培养自己的法律素质。

6. 领导干部法治思维的主要表现有哪些？

随着司法改革大刀阔斧的进行，领导干部在其工作中也越来越重视法治思维的运用，其法治思维主要体现在合法性思维、程序性思维、规则性思维、权责性思维、权义性思维几个方面。

（1）合法性思维要求领导干部在宪法和法律规定的范围内进行活动。具体来讲，领导干部要带头守法。这就要求领导干部，首先学习国家法律法规，了解国家对于领导干部履行职责的法律规定，带头弘扬社会主义法治。合法性思维还要求领导干部不能以权压法、徇私枉法。党和国家赋予领导干部权力，然而我们必须认识到权力是一把“双刃剑”，合法性思维要求领导干部做到权为民所系，利为民所谋，而不能滥用权力，危害人民利益。

（2）程序性思维是领导干部树立法治思维的第一要义。在法治国家的建设中，我们应当追求程序正义和实体正义的统一。程序性思维首先要求讲求程序正义，而这里所说的程序正义是指领导干部按照程序的规定办事，作为领导干部，要知道不仅违反实体法规定是违法行为，违反程序性规定同样会受到惩罚。领导干部在工作中，必须坚持程序性正义，做到程序公正、合法、合理。

（3）规则性思维要求领导干部带头遵守规则。规则存在的目的是告诉人们什么该做、什么不该做，从这种意义上来讲，规则具有一定的确定性和指导性，领导干部树立法治思维，就要自觉遵守规则，为他人遵守规则树立榜样，进而维护规则的稳定性和可执行性。

（4）权责性思维是指领导干部在工作中要做到有权必有责、用权受监督、违法受追究。领导干部在履行工作职责时享有国家和人民赋予的某种权力，但是这种权力的行使并非无节制、无限度，法治思维指导下的权责性思维要求领导干部按要求履行职责，否则会追究相关人员的责任。

（5）权义性思维要求领导干部在工作中从权利和义务的角度进行判断。权利和义务是法律最基本的要素，任何人的行为都要以法律规定的权利和义务作为行为准则，领导人员具备法治思维时，应综合权利和义务进行判断，考虑该行为是否为履行权利，或是否违反了其应尽的义务，经过判断后作出符合权利义务规范的行为。

依法治国是党领导人民治理国家的基本方略，是否具有法治思维已经逐渐成为判断一个领导干部合格与否的重要指标。在党的十八大、十九大会议精神的指导下，各级领导干部应加强法治观念，树立法治思维，并按照法治思维的内涵指导自身行为。

7. 如何将法治思维与法治方式联系起来并运用到工作中去?

近年来，党和国家十分重视领导干部法治思维的培养，大多数干部的法治观念有了很大提升。但不容否认的是，依然有部分领导干部“恃权而骄”，法治观念和法治意识淡薄，违背党的路线、方针、政策，心存侥幸，破坏领导干部的整体形象，影响我国法治建设进程。此时，加强培养领导干部的法治思维，并促使其将法治思维和法治方式联系起来，运用到工作中去，就显得尤为重要。具体而言，我们应当从以下几方面着手：

第一，要在学习法治思维的理论基础上，提升领导干部运用法治方式进行实践的能力。能力的培养不仅需要扎实的理论功底，也需要丰富的实践经验，马克思主义要求理论和实践相结合，用理论指导实践。因此，要夯实领导干部法治的理论基础，定期组织培训学习，促进其法治思维的养成。此外，参考党员思想汇报机制，领导干部应总结工作成果，将法治思维和法治方式在工作中的运用情况向其上级汇报。

第二，要提高领导干部运用法治思维和法治方式的水平。一方面，加强奖励机制，把具有法治思维，能用法治方式工作并取得显著成效的人员提拔到领导干部的队伍中来，并将其运用法治思维和法治方式的经验进行总结，组织其他干部学习。另一方面，严格对消极学习者的惩罚机制，对于那些对新制度、新理念持消极态度的干部进行批评教育，对于以此给国家或者人民利益造成损失的人员采取措施进行惩罚。奖惩并举，双管齐下，方能有效提高领导干部的整体法治素养。

第三，要为领导干部运用法治思维和法治方式提供良好的法治环境。良好的法治对领导干部规范自身行为具有促进作用，因此，就应当首先从完善相关法治制度入手，用强制性手段对领导干部进行规制，促使其养成运用法治思维和法治方式工作的习惯。此外，人民的有效监督也是领导干部认真履行职责的重要保障，党和国家提倡“让权力在阳光下行使”，就是要加强人民群众对领导干部工作的监督，对违反法律要求、违背法治观念的行为进行举报，敦促广大领导干部认真履行职责。

党的十九大报告中指出，执政兴国，需要法治思维，这对领导干部提出了新的要求。领导干部应当学习贯彻和落实党的十九大精神，自觉将法治思维与法治方式联系起来，并运用到实际工作中去，创新工作方式，为社会主义法治的建设添砖加瓦。

第三章

宪　法

宪法是国家的根本大法，是治国安邦的总章程，是党和人民意志的集中体现。它规定了国家的根本任务和根本制度、公民的基本权利和义务、国家机构的组织原则和职权等内容。在十八届四中全会审议通过的《中共中央关于全面推进依法治国若干重大问题的决定》中，明确指出了坚持依法治国首先要坚持依宪治国。在全社会普遍开展宪法教育之时，领导干部积极学习了解宪法内容尤为重要。

1. 县级人大常委会的委员有权撤销本级政府的错误命令吗？

案 情

张某出身农民家庭，关心民情，长大后立志要成为一名国家机关工作人员，为农民办实事。终于，张某通过努力，成功担任了某县的人大常委会委员。不久后，张某发现本级政府在该地某区旧房拆迁过程中存在强令拆除的违法行政行为。张某认为本级政府的强拆命令不符合法律规定，无奈之下，他以自己的名义通知县政府撤销该命令。请问，张某可以以自己的名义通知县政府撤销该命令吗？

解 析

张某作为县级人大常委会的委员，不能以个人名义撤销本级政府的错误命令。《宪法》第一百零四条规定："县级以上的地方各级人民代表大会常务委员会讨论、决定本行政区域内各方面工作的重大事项；监督本级人民政府、监察委员会、人民法院和人民检察院的工作；撤销本级人民政府的不适当的决定和命令；撤销下一级人民代表大会的不适当的决议；依照法律规定的权限决定国家机关工作人员的任免；在本级人民代表大会闭会期间，罢免和补选上一级人民代表大会的个别代表。"可见，根据宪法的规定，县级人大常委会有权监督本级政府的工作，撤销本级人民政府不适当的决定和命令。也就是说，有权撤销县政府不适当的行政决定和命令的主体是县级人大常委会，县级人大常委会的委员无权以个人名义撤销本级政府的错误命令。因此，本案中的张某作为县级人大常委会的委员，无权通知县政府撤销错误的命令。

法　条

《中华人民共和国宪法》

第一百零四条　县级以上的地方各级人民代表大会常务委员会讨论、决定本行政区域内各方面工作的重大事项；监督本级人民政府、监察委员会、人民法院和人民检察院的工作；撤销本级人民政府的不适当的决定和命令；撤销下一级人民代表大会的不适当的决议；依照法律规定的权限决定国家机关工作人员的任免；在本级人民代表大会闭会期间，罢免和补选上一级人民代表大会的个别代表。

2. 公安机关可以直接逮捕全国人大代表吗?

案　情

高某大学毕业后，在政府部门工作多年，平日里工作勤勤恳恳，与领导和下属的关系处理得很好。近年来，他又当选了全国人民代表大会代表。不久前，他被人匿名举报："高某近年来的升迁得益于他贿赂上级领导。"公安部门经过调查发现举报属实，于是打算逮捕高某。但是，当高某听闻被举报后，已经请了律师，律师告诉他全国人大代表非经全国人大主席团或全国人大常委会的许可，享有不受逮捕的权利。请问，律师的说法有法律依据吗？公安机关可以直接逮捕全国人大代表吗？

解 析

律师的说法有法律依据，公安机关不可以直接逮捕全国人大代表。根据《宪法》第七十四条“全国人民代表大会代表，非经全国人民代表大会会议主席团许可，在全国人民代表大会闭会期间非经全国人民代表大会常务委员会许可，不受逮捕或者刑事审判”的规定，可见，宪法对全国人民代表大会代表给予了特殊的保护，对全国人民代表大会代表执行逮捕或审判时，需要先经全国人民代表大会主席团或全国人民代表大会常务委员会的许可，否则其享有不受逮捕或刑事审判的权利。本案中的高某虽然被公安机关初步查实存在贿赂行为，但如果公安机关没有得到全国人民代表大会主席团或全国人民代表大会常务委员会的许可，是不能逮捕高某的。

法 条

《中华人民共和国宪法》

第七十四条 全国人民代表大会代表，非经全国人民代表大会会议主席团许可，在全国人民代表大会闭会期间非经全国人民代表大会常务委员会许可，不受逮捕或者刑事审判。

3. 县长可以干涉人民法院的审判吗?

案 情

A县财政局副局长陈某遭人举报，称其在职期间经常贪污公款还接受别人的请客送礼，为他人谋取私利。县监察委对其调查后，发现情况属实便由人民检察院以贪污罪和受贿罪起诉至法院。县长与陈某是关系亲近的老同学，事发后陈某家人立马找到县长希望其能去法院帮忙求情。县长找到法院院长后，明确表示陈某是自己的好朋友，是一时糊涂作出的傻事，指令法院一定要轻判。法院院长表示法院作为国家的审判机关，应当依据事实和法律判案，希望县长不要干涉他们公正审判。那么，法院院长的说法正确吗？县长可以干涉法院审判案件吗？

解　析

法院院长的说法是正确的，法院审判案件不应当受到行政机关的干涉。审判独立是一项重要的司法审判原则，它旨在保障法院公正无私地进行审判，防止法官受到外界的非法干涉，使法院真正成为维护社会正义的最后一道防线。因此，我国《宪法》第一百三十一条对此明确规定："人民法院依照法律规定独立行使审判权，不受行政机关、社会团体和个人的干涉。"宪法的这一规定，体现了我国权力配置的特点和法院独立审判原则，对维护司法公正十分必要。因此，本案中县长基于个人私利去干涉法院对案件的独立审判违反宪法，在现实生活中应当绝对禁止。

法　条

《中华人民共和国宪法》

第一百三十一条　人民法院依照法律规定独立行使审判权，不受行政机关、社会团体和个人的干涉。

4. 选民是否有权罢免不称职的人大代表?

案 情

房某是县里著名的企业家，连续几年获得县“优秀企业家”称号，在某年县人大代表换届选举中被选作代表。之后，房某在任职县人大代表期间多次因公司经营事务而缺席关系群众切身利益的重要会议，并且存在利用自己的代表职权为自己的企业谋取私利的行为，对于人民群众关心的问题置若罔闻。县里的群众认为房某这样的行为辜负了人们对他的期望，根本不是代表人民参政议政，这种损害国家人民利益的代表不要也罢。因此，选区的全部选民要求罢免房某的代表职位。对于选民要求罢免所选的不称职的人大代表的行为，法律是如何规定的?

解 析

我国法律赋予公民一定的罢免权。罢免权作为监督权的一种，是指选民或代表机关依照法律规定的罢免程序，撤销他们所选出的人大代表的职务资格。罢免权是一种有效的监督方式，也是人民监督权的基础，人民手中紧握罢免权，才能促使人大代表履行职责，真正代表人民，远离腐败。我国《宪法》第一百零二条第二款规定:“地方各级人民代表大会代表的选举单位和选民有权依照法律规定的程序罢免由他们选出的代表。”因此在本案中，房某作为人民选举出来的人大代表，理应为人民办事，积极履行职责，但却发生屡次拒绝参会，忽视人民利益为己谋取私利的不称职行为，因此在此种情况下，选区的全部选民有权联合起来提出罢免房某人大代表职务的要求。

法 条

《中华人民共和国宪法》

第一百零二条第二款 地方各级人民代表大会代表的选举单位和选民有权依照法律规定的程序罢免由他们选出的代表。

5. 机关领导能否干涉员工的宗教信仰?

案 情

李某大学刚毕业，通过参加国家公务员考试进入了税务机关工作。李某自幼体弱多病，所以李某的母亲经常去佛堂为其祈福，李某受其影响也一直信仰佛教，平日里身上一直佩戴着佛珠手链和佛的吊坠，每天回家都会对着摆放的佛像朗诵经文。李某所在的机关领导宋某在得知李某有崇尚佛教的信仰后，就一直在劝说李某不要信仰宗教，建议其把佩戴的有关佛教的配饰摘掉，担心她会向其他工作人员进行宗教传播。李某觉得崇尚佛教完全是个人内心的信仰，其平日里的宗教活动既没有影响他人也没有影响社会，领导无权干涉。那么，李某的说法对吗？机关领导可以干涉员工的宗教信仰吗？

解 析

李某的说法正确，任何人无权干涉他人的宗教信仰。国家赋予每个公民宗教信仰自由权，这是公民生活中的一项基本权利。我国《宪法》第三十六条规定，中华人民共和国公民有宗教信仰自由。任何国家机关、社会团体和个人不得强制公民信仰宗教或者不信仰宗教，不得歧视信仰宗教的公民和不信仰宗教的公民。规定中的公民的信仰自由内容广泛：有信教或者不信教的自由，有信仰这种宗教或者信仰那种宗教的自由，有信仰同宗教中的这个教派和那个教派的自由，有过去信教现在不信教或者过去不信教而现在信教的自由。当然这种自由是有一定限制的，那就是公民在从事宗教活动时，必须遵守国家法律，尊重他人的合法权益，服从社会整体利益的要求。任何人不得利用宗教进行破坏社会秩序、损害公民身体健康、国家教育制度的活动。在本案中，李某作为国家的一个公民，信仰佛教是其个人自由，其从事的有关宗教的活动也是在法律允许的范围内，受法律保护，因此，这种自由不应当受到他人的干涉，所以领导宋某的行为是不当的。

法 条

《中华人民共和国宪法》

第三十六条 中华人民共和国公民有宗教信仰自由。

任何国家机关、社会团体和个人不得强制公民信仰宗教或者不信仰宗教，不得歧视信仰宗教的公民和不信仰宗教的公民。

国家保护正常的宗教活动。任何人不得利用宗教进行破坏社会秩序、损害公民身体健康、妨碍国家教育制度的活动。

宗教团体和宗教事务不受外国势力的支配。

6. 哪些人需要进行宪法宣誓？宪法宣誓誓词是什么？

案　情

陈某任职某乡民政所所长多年，工作一直兢兢业业，切实为人民服务。后来，该乡政府的副乡长被调走，乡镇副职出现空缺。恰好赶上当地换届选举工作，经过乡人民代表大会选举后，陈某被任命为新一届的副乡长。在陈某就职当天，乡长表示宪法宣誓制度是国家的一项新制度，领导干部在入职前要经过宪法宣誓程序，进行宪法宣誓后才能正式入职。陈某在民政所工作时没有听说过也没经历过宪法宣誓这个程序，所以他心中产生了疑惑：哪些人需要进行宪法宣誓？宪法宣誓誓词是什么？

解　析

2015 年 6 月 24 日，在北京举行的第十二届全国人大常委会第十五次会议上，受委员长会议委托，全国人大常委会副秘书长韩晓武在作《关于实行宪法宣誓制度的决定草案》说明时表示，党的十八届四中全会提出建立宪法宣誓制度，我们应当认真贯彻落实这项工作。7 月 1 日，全国人大常委会表决通过《全国人民代表大会常务委员会关于实行宪法宣誓制度的决定》（以下简称《决定》）。2018 年 2 月 24 日，该《决定》被第十二届全国人大常委会第三十三次会议修订。根据《决定》，凡经人大及其常委会选举或者决定任命的国家工作人员，包括各级人民代表大会及县级以上各级人民代表大会常务委员会选举或者决定任命的国家工作人员，以及各级人民政府、监察委员会、人民法院、人民检察院任命的国家工作人员，在正式就职时，应当公开向宪法宣誓。

国家机关工作人员被任命者正式就职之前，要求其向宪法宣誓，以看得见的仪式，承诺其会如何对待职权和责任。宪法宣誓制度可以培养被任命者对法律的敬畏，强化被任命者对自己的约束。同时，宣誓本身也代表了宣誓人内心的认同和良心上的约束。更为重要的是，目前我国正处在法治化进程的关键环节，宪法宣誓制度也将推进我国依法治国、依法执政的进程。

根据《决定》的内容，宪法宣誓誓词为：

我宣誓：忠于中华人民共和国宪法，维护宪法权威，履行法定职责，忠于祖国、忠于人民，恪尽职守、廉洁奉公，接受人民监督，为建设富强民主文明和谐美丽的社会主义现代化强国努力奋斗！

法 条

《全国人民代表大会常务委员会关于实行宪法宣誓制度的决定》

一、各级人民代表大会及县级以上各级人民代表大会常务委员会选举或者决定任命的国家工作人员，以及各级人民政府、监察委员会、人民法院、人民检察院任命的国家工作人员，在就职时应当公开进行宪法宣誓。

二、宣誓誓词如下：

我宣誓：忠于中华人民共和国宪法，维护宪法权威，履行法定职责，忠于祖国、忠于人民，恪尽职守、廉洁奉公，接受人民监督，为建设富强民主文明和谐美丽的社会主义现代化强国努力奋斗！

三、全国人民代表大会选举或者决定任命的中华人民共和国主席、副主席，全国人民代表大会常务委员会委员长、副委员长、秘书长、委员，国务院总理、副总理、国务委员、各部部长、各委员会主任、中国人民银行行长、审计长、秘书长，中华人民共和国中央军事委员会主席、副主席、委员，国家监察委员会主任，最高人民法院院长，最高人民检察院检察长，以及全国人民代表大会专门委员会主任委员、副主任委员、委员等，在依照法定程序产生后，进行宪法宣誓。宣誓仪式由全国人民代表大会会议主席团组织。

第四章

行政法律

依法行政是全面推进依法治国的重要组成部分，是法治国家、法治政府和法治社会一体建设的重要内容。领导干部提升依法行政能力，有利于加强党的全面领导，增强党的长期执政能力。依法行政要加强制度机制建设，深化机构和行政体制改革，健全依法决策程序机制，规范行政执法行为，加强对行政机关的监督。因此，学习和了解行政法相关法律知识至关重要。

1. 受委托的行政执法单位有权再转委托行政处罚权吗?

案　情

某市市场监督管理局委托当地的食品卫生监督站，每年定期对该市的食品加工厂进行检查，看其所生产的食品是否符合法律的规定。一天，该食品卫生监督站在对某个加工厂进行检查时，发现该加工厂在生产食品的过程中没有遵守食品安全规章管理制度，而且卫生也不符合要求。于是，食品卫生监督站对相关情况进行调查并收集证据之后，便以该市市场监督管理部门的名义对该违法企业作出责令停产停业、罚款1万元的行政处罚决定。同时，食品卫生监督站又委托该市的一个市场监管所来帮助其执行处罚决定。那么请问，该食品卫生监督站是否有权将自己受委托的行政处罚决定权转委托给其他行政机关?这种行为是否合法?

解　析

一般情况下，行政管理权应该由行政机关掌握和行使，但在某些情况下，行政机关可以在其法定的权限内，委托符合一定条件的组织代替自己实施行政处罚权。根据我国《行政处罚法》第二十一条的规定，受委托组织必须符合以下条件：（一）依法成立并具有管理公共事务职能；（二）有熟悉有关法律、法规、规章和业务并取得行政执法资格的工作人员；（三）需要进行技术检查或者技术鉴定的，应当有条件组织进行相应的技术检查或者技术鉴定。但是，依据《行政处罚法》第二十条的规定，受委托组织在委托范围内，以委托行政机关名义实施行政处罚；不得再委托其他组织或者个人实施行政处罚。由此可见，受委托的行政机关不能再将自己的权力进行转委托。在本案中，市场监督管理局依法将自己的权力委托给食品卫生监督站来行使，但是，食品卫生监督站在接受委托之后，不能再将自己的权力委托给其他行政机关。

法 条

《中华人民共和国行政处罚法》

第二十条 行政机关依照法律、法规、规章的规定，可以在其法定权限内书面委托符合本法第二十一条规定条件的组织实施行政处罚。行政机关不得委托其他组织或者个人实施行政处罚。

委托书应当载明委托的具体事项、权限、期限等内容。委托行政机关和受委托组织应当将委托书向社会公布。

委托行政机关对受委托组织实施行政处罚的行为应当负责监督，并对该行为的后果承担法律责任。

受委托组织在委托范围内，以委托行政机关名义实施行政处罚；不得再委托其他组织或者个人实施行政处罚。

第二十一条 受委托组织必须符合以下条件：

（一）依法成立并具有管理公共事务职能；

（二）有熟悉有关法律、法规、规章和业务并取得行政执法资格的工作人员；

（三）需要进行技术检查或者技术鉴定的，应当有条件组织进行相应的技术检查或者技术鉴定。

2. 当事人因违法行为受到刑事制裁后，行政机关还可以给予行政处罚吗？

案 情

朱某在某市有一家食品公司，该公司主要生产火腿肠。上个月，因为该公司生产火腿肠所用的肉都是一些已经变质的，导致很多消费者在食用之后中毒，并被送进了医院。在事件发生之后，当地的食品监管部门展开了调查。因为事件引发了很严重的后果，同时公安机关也介入调查。在经过调查之后，由于该公司生产劣质产品的行为已经构成犯罪，因此，公安机关在经过一系列的调查取证之后，便将案件移送到检察院，准备由检察院向法院提起公诉。后来，经过法院审判，该公司的直接责任人员被判刑，并被判处罚金。市场监管部门因为该公司的行为违法，也对该公司作出吊销营业执照，并罚款 10 万元的行政处罚。请问，在公司已经被进行刑事制裁之后，市场监管局还能够进行行政处罚吗？

解 析

《行政处罚法》第八条第二款规定：“违法行为构成犯罪，应当依法追究刑事责任的，不得以行政处罚代替刑事处罚。”如果当事人的行为触犯了刑法，行政机关在对其进行行政处罚的同时，也要承担一定的刑事责任，刑事责任与行政责任是可以并存的，行政处罚是针对行政相对人尚未构成犯罪的，违反行政管理秩序的行为给予处罚。不能因为行政责任的承担而免予刑事处罚。同样，刑事责任也不能吸收行政责任。根据《行政处罚法》《刑法》的处罚法定、罚当其过的原则，行为人所受的处罚应与其违法行为的事实、性质、情节及社会危害程度相当。所以，在本案中，食品公司在接受了刑事处罚之后，行政机关依然可以依据法律规定进行行政处罚，二者并不冲突。

法 条

《中华人民共和国行政处罚法》

第八条第二款 违法行为构成犯罪，应当依法追究刑事责任的，不得以行政处罚代替刑事处罚。

3. 生态环境局能够对违法行为人进行行政拘留吗?

案 情

吴某是某县一个化工厂的厂长，两个月前，生态环境局依法对该厂的排污情况进行检查。在经过检查之后，生态环境局发现该厂所排放的污水严重超标。于是，生态环境局责令该厂停产停业进行整顿，并罚款10万元。但是，吴某一直没有按照规定上缴罚款，也没有按照要求将化工厂进行整顿。后生态环境局在要求吴某上缴罚款时，吴某不仅拒绝缴纳罚款，而且态度非常恶劣，称很多人的排污都不符合标准，为什么只处罚他一个人。吴某认为生态环境局对自己的处罚过重，甚至还找自己厂里的工人到生态环境局闹事，于是，生态环境局为阻止吴某的行为，准备对吴某进行行政拘留15天的处罚。那么请问，生态环境局能够对违法行为人进行行政拘留吗?

解 析

生态环境局不能对违法人员进行行政拘留。根据《行政处罚法》第十八条的规定，国务院或者省、自治区、直辖市人民政府可以决定一个行政机关行使有关行政机关的行政处罚权。限制人身自由的行政处罚权只能由公安机关和法律规定的其他机关行使。由此可见，只有公安机关才能够实施行政拘留，其他任何机关都不能超越职权，非法实施限制人身自由的行为。因此，在本案中，如果吴某不依法执行处罚决定，甚至到生态环境局闹事，扰乱社会秩序，情节较为严重时，生态环境局应申请公安机关介入调查，需要对吴某进行行政拘留的，由该市公安机关来行使行政拘留权。针对执法人员越权行使行政拘留权的这种行为，吴某可以申请行政复议，也可以直接向县人民法院提起行政诉讼，并有权提出赔偿要求。

法 条

《中华人民共和国行政处罚法》

第十八条 国家在城市管理、市场监管、生态环境、文化市场、交通运输、应急管理、农业等领域推行建立综合行政执法制度，相对集中行政处罚权。

国务院或者省、自治区、直辖市人民政府可以决定一个行政机关行使有关行政机关的行政处罚权。

限制人身自由的行政处罚权只能由公安机关和法律规定的其他机关行使。

4. 行政机关可以先作出行政处罚决定再收集证据吗?

案 情

某日，某市生态环境局接到举报，称该市某化工厂经常排放污水，且该污水未经过任何处理，有害物质严重超标，给附近居民的生活带来了严重的影响。接到举报之后，市生态环境局经过调查发现，该市果然有一家化工厂经常排放污水。由于已经到了年底，市生态环境局工作人员觉得一时半会儿也不能将证据收集完，就算是收集了证据也不能马上作出处罚决定。于是，市生态环境局决定先作出责令该化工厂停产停业的行政处罚决定，等到春节过后再对该厂的排污行为进行详细的调查，收集证据，这样一举两得，既可以暂时减少污染，还能够为以后收集证据留足时间。那么，依据我国现行法律的相关规定，生态环境部门可以先作出行政处罚决定，再收集证据吗?

解 析

生态环境部门先作出行政处罚决定再收集证据的行为是违法的。我国《行政处罚法》第四十条明确规定："公民、法人或者其他组织违反行政管理秩序的行为，依法应当给予行政处罚的，行政机关必须查明事实；违法事实不清、证据不足的，不得给予行政处罚。"由此可知，行政机关在作出处罚决定时，必须在查明事实的基础之上进行，而查明事实主要是依据证据来认定的。法律禁止在不查明事实的基础上提前作出行政处罚的决定。在本案中，市生态环境部门应该先依法对该市化工厂污染环境的事实进行调查，收集证据，在违法行为已经查清，证据充分的情况下，才能依法作出行政处罚决定，不得以任何理由未经查证就对行为人作出处罚决定。

法　条

《中华人民共和国行政处罚法》

第四十条　公民、法人或者其他组织违反行政管理秩序的行为，依法应当给予行政处罚的，行政机关必须查明事实；违法事实不清、证据不足的，不得给予行政处罚。

5. 行政处罚是否有时间限制?

案　情

2020 年的某一天，某市的市场监管局接到举报，称该市的某家纯净水加工厂不仅无证经营，而且偷工减料。市场监管部门根据举报的信息，对该工厂展开了调查。在检查时，该企业的老板杜某向市场监管部门出示了营业执照及许可证。同时，经过调查发现该纯净水加工厂生产的纯净水也都符合相关规定，并没有任何的违法行为。然而，在调查过程中，调查人员却偶然听到该企业的一名员工说他们已经在这里工作了五年，但是，该企业的营业执照及许可证是在三年之前才办理的。原来，该企业在 2015 年就已经成立了，前两年一直是无证经营，直到 2017 年才办理了相关的证件。那么请问，行政处罚是否有时间限制？市场监管部门还能够对该企业无证经营的行为进行处罚吗？

解　析

行政处罚是有时效期限的，如果超过时效期限，行政机关就不能再对行为人的违法行为进行处罚。对此，《行政处罚法》第三十六条第一款规定，违法行为在二年内未被发现的，不再给予行政处罚；涉及公民生命健康安全、金融安全且有危害后果的，上述期限延长至五年。法律另有规定的除外。由此可知，如果行政机关在两年之内没有发现行为人的违法情况，那么，原则上只要经过两年，就不能再对该种违法行为进行处罚。所以，在本案中，虽然该纯净水加工厂在前两年是无证经营，但是，其在2017年已经办理了相关的证件，因此，已经超过了两年的时间，不能再对其无证经营的违法行为进行处罚。

法　条

《中华人民共和国行政处罚法》

第三十六条第一款　违法行为在二年内未被发现的，不再给予行政处罚；涉及公民生命健康安全、金融安全且有危害后果的，上述期限延长至五年。法律另有规定的除外。

6. 行政强制措施可以委托他人进行吗？

案　情

辽宁省Y市政府要对该市某一老城区进行改造，兴建小型广场，供市民健身、娱乐。为此，Y市政府将该项目发包给了该市某建筑公司，负责所建广场的选址、设计、修建等工作事宜。位于该城区的居民赵某与Y市政府签订了《旧城改建房屋征收实物安置与货币补偿协议书》，协议书中对房屋征收安置、搬迁过渡、费用结算等情况进行了具体约定，赵某也在协议书上签了字。但是，赵某的父亲老赵坚决不同意搬迁，并阻挠施工队对房屋进行拆除。后建筑公司的负责人将此事告知Y市政府，Y市政府在履行完法定程序后，将强制权委托给建筑公司，建筑公司对赵某的房屋进行了强制拆除。请问，Y市政府可以委托建筑公司强制拆除赵某的房屋吗？

解 析

上述案情中涉及的主要问题是行政机关可否将行政强制权交由他人进行？答案是否定的。根据《行政强制法》第十七条的规定，行政强制措施由法律、法规规定的行政机关在法定职权范围内实施。行政强制措施权不得委托。行政强制措施应当由行政机关具备资格的行政执法人员实施，其他人员不得实施。具体到上述案情，案情中Y市政府是执法的行政机关，按照法律规定，如果需要强制拆除，应当由Y市政府具备执法资格的工作人员对赵某的房屋进行强制拆除，但是，Y市政府却将该项权力委托给兴建广场的建筑公司，这一做法违反了《行政强制法》第十七条的规定，Y市政府应当对此承担相应的法律责任。

法 条

《中华人民共和国行政强制法》

第十七条 行政强制措施由法律、法规规定的行政机关在法定职权范围内实施。行政强制措施权不得委托。

依据《中华人民共和国行政处罚法》的规定行使相对集中行政处罚权的行政机关，可以实施法律、法规规定的与行政处罚权有关的行政强制措施。

行政强制措施应当由行政机关具备资格的行政执法人员实施，其他人员不得实施。

7. 行政机关可以申请人民法院实施行政强制执行权吗?

案情

2019 年 2 月，A 县正顺镇村民于某某在没有获得当地市场监督管理局批准的情况下，在正顺镇从事砂石加工、销售的生意。当年 7 月，正顺镇某居民将此事举报给 A 县生态环境局，A 县生态环境局因此对于某某展开调查，证实举报情况属实。同年 7 月 13 日，A 县生态环境局对于某某作出了责令停止生产并处罚款的行政处罚。到了 2020 年 4 月，于某某在法定期限内既未向环保行政部门陈述申辩和申请行政复议，也未提起行政诉讼，又拒不履行行政处罚确定的义务，继续从事该生意。A 县生态环境局遂向所在市人民法院生态保护法庭申请了强制执行。那么，A 县生态环境局向市人民法院申请强制执行的做法正确吗?

解析

根据我国《行政强制法》第五十三条的规定，当事人在法定期限内不申请行政复议或者提起行政诉讼，又不履行行政决定的，没有行政强制执行权的行政机关可以自期限届满之日起三个月内，依照本章规定申请人民法院强制执行。在上述案情中，A县生态环境局对于某某作出了行政处罚，当于某某在法定期限内既不履行法定义务，又没有申请行政复议、提起行政诉讼时，没有行政强制执行权的A县生态环境局可以申请人民法院执行。自A县生态环境局作出行政处罚决定至2020年4月，已经超出了法定申请复议和提起诉讼的时间，而且又没有超出法律规定的申请法院强制执行的三个月期限，因此，A县生态环境局有权向该市法院申请强制执行。另外，根据《行政强制法》第五十四条的规定，行政机关申请人民法院强制执行前，应当催告当事人履行义务。催告书送达十日后当事人仍未履行义务的，行政机关可以向所在地有管辖权的人民法院申请强制执行。也就是说，A县生态环境局在申请法院强制执行前，还应当催告于某某履行义务，若催告书送达十日后于某某仍不履行义务，A县生态环境局可以向该市法院申请强制执行。

法　条

《中华人民共和国行政强制法》

第五十三条　当事人在法定期限内不申请行政复议或者提起行政诉讼，又不履行行政决定的，没有行政强制执行权的行政机关可以自期限届满之日起三个月内，依照本章规定申请人民法院强制执行。

第五十四条　行政机关申请人民法院强制执行前，应当催告当事人履行义务。催告书送达十日后当事人仍未履行义务的，行政机关可以向所在地有管辖权的人民法院申请强制执行；执行对象是不动产的，向不动产所在地有管辖权的人民法院申请强制执行。

8. 在申请法院强制执行的情况下，谁应当承担强制执行所需要的费用？

案 情

2019年7月，兴广市德隆县居民杨某在搭建房屋时，将房屋搭建范围向公路建筑控制区延伸了5米。兴广市公路管理站的路政人员在上路巡查过程中，发现了杨某违法建筑的情况，遂立即与杨某谈话，要求其立即停止该违法行为，但遭到了杨某的拒绝。8月，兴广市公路管理站正式对杨某作出限期15日将违法建筑拆除的行政决定书，并张贴公告。在对当事人杨某进行催告后杨某对此仍不予理睬，不但不对违法建筑进行拆除，还继续在公路建筑控制区进行搭建工作。2020年4月，兴广市公路管理站以杨某违法搭建房屋，在法定期限内既不履行义务，又不申请行政复议、提起行政诉讼为由，向该市人民法院申请强制执行。该市人民法院收到申请后，履行完相关法律程序就依法对杨某违法建筑部分进行了强制拆除。请问，人民法院强制拆除所花费的费用应当由谁来承担？

解 析

根据我国《行政强制法》第六十条第一款的规定，行政机关申请人民法院强制执行，不缴纳申请费。强制执行的费用由被执行人承担。具体到本案，该市人民法院根据兴广市公路管理站的申请，对杨某在公路建筑控制区的违法建筑进行强制拆除，依据上述条文的规定，人民法院在拆除过程中所花费的费用应当由被强制执行的当事人杨某承担。另外该条同时规定，人民法院以划拨、拍卖方式强制执行的，可以在划拨、拍卖后将强制执行的费用扣除。依法拍卖财物，由人民法院委托拍卖机构依照《拍卖法》的规定办理。划拨的存款、汇款以及拍卖和依法处理所得的款项应当上缴国库或者划入财政专户，不得以任何形式截留、私分或者变相私分。因此，人民法院在强制执行过程中必须严格遵守法律的相关规定，应当由行政相对人承担的费用依法让其负责，应当上缴国库或者划入财政专户的，不得以任何形式截留、私分或者变相私分。

法　条

《中华人民共和国行政强制法》

第六十条　行政机关申请人民法院强制执行，不缴纳申请费。强制执行的费用由被执行人承担。

人民法院以划拨、拍卖方式强制执行的，可以在划拨、拍卖后将强制执行的费用扣除。

依法拍卖财物，由人民法院委托拍卖机构依照《中华人民共和国拍卖法》的规定办理。

划拨的存款、汇款以及拍卖和依法处理所得的款项应当上缴国库或者划入财政专户，不得以任何形式截留、私分或者变相私分。

9. 行政机关工作人员的个人行为侵犯公民合法权益的，国家承担赔偿责任吗?

案 情

吴某从军校毕业后，被分配到该县的派出所做了一名民警。一天下班后，吴某与朋友刘某相约来到一家台球馆打球，两人玩得十分尽兴。与此同时，郑某也与朋友相约来到该家台球馆打球。在双方打球的过程中，郑某不小心碰到了吴某，导致吴某输了球。吴某很是生气，随口骂了郑某两句，郑某回了几句，吴某便开始对郑某拳打脚踢，并说自己是一名警察，如果郑某敢还手，会被打得更严重。郑某一听吴某是警察，吓得不敢动弹，任凭吴某对其拳打脚踢。后吴某被朋友刘某拉走，郑某才被朋友送往医院救治。郑某在医院住了两个星期，花费了将近2万元。郑某的朋友告诉郑某，虽然吴某是警察，但是他打人的行为也是违法的，因此郑某可以向公安局进行索赔，维护自身的合法权益。那么，郑某朋友的说法正确吗？郑某可以向公安局申请国家赔偿吗？

解 析

《国家赔偿法》第五条规定了在一些特定的情形下，国家机关可以不承担赔偿责任的情形。这些情形包括行政机关工作人员与行使职权无关的个人行为，因公民、法人和其他组织自己的行为致使损害发生的等，在这些情形下国家机关不承担赔偿责任。而本案恰好符合行政机关的工作人员行使与职权无关的个人行为，因此造成他人损失的，国家机关不承担赔偿责任。具体来看，吴某虽然是当地公安局派出所的一名民警，但是他打郑某的行为并不是因为行使职权的需要，完全是个人之间的私事，对此依照《国家赔偿法》的相关规定，公安局是不承担国家赔偿责任的。郑某作为受害人，可以通过其他途径维护自身的合法权益，如可以直接向人民法院提起民事诉讼，请求吴某承担赔偿责任；或者向公安局报案，进入刑事诉讼程序。

法　条

《中华人民共和国国家赔偿法》

第五条　属于下列情形之一的，国家不承担赔偿责任：

（一）行政机关工作人员与行使职权无关的个人行为；

（二）因公民、法人和其他组织自己的行为致使损害发生的；

（三）法律规定的其他情形。

10. 行政复议期间，可以停止执行该具体行政行为吗？

案　情

小王是今年刚通过“四级联考”考入某省生态环境厅的一名公务员。最近，小王在工作上有些犯难，事情的起因还得从该省某市的化工厂老板胡某说起。胡某是某化工厂的老板，他管理的工厂在“两会”召开前期被市生态环境局叫停并被处以罚款，还被责令停业整顿。具体原因是胡某的工厂排放了大量的废弃液体，液体流入河流，严重影响了该市的水质。但是，胡某认为市生态环境局的行政行为不合法，其曾投入资金购买了进口的污水处理设备，自己工厂排放的是经处理的、对生态环境无害的废弃液体。于是，胡某向省生态环境厅申请行政复议，并提交了污水检验合格报告。胡某认为市生态环境局的做法明显不合法，所以他同时申请了在行政复议期间不执行该具体行政行为。该省生态环境厅收到胡某的行政复议申请后，将案件交给了小王处理，可小王并不知道是否应该停止执行市生态环境局作出的处罚决定。请问，小王应该怎么做呢？行政复议期间，具体行政行为会停止执行吗？

解 析

行政复议期间，具体行政行为一般不会停止执行。《行政复议法》第二十一条规定："行政复议期间具体行政行为不停止执行；但是，有下列情形之一的，可以停止执行：（一）被申请人认为需要停止执行的；（二）行政复议机关认为需要停止执行的；（三）申请人申请停止执行，行政复议机关认为其要求合理，决定停止执行的；（四）法律规定停止执行的。"可见，一般情况下，行政复议期间具体行政行为并不停止执行。因为具体行政行为是由法定行政机关代表国家作出的，具有一定的确定力和强制力，一经作出，在未被撤销或变更前，必须确保其具有的法律威信力和强制执行力，非因法定事由并经法定程序不能停止执行。只有符合以上四种情形之一时，具体行政行为才会停止执行。本案中，被申请人（即某市生态环境局）是具体行政行为的作出者，对自己作出的行政行为并未认为需要停止执行；如果小王接手该案件后，认为需要停止的或经申请人（胡某）申请、复议机关（即该省生态环境厅）认可该申请的，该具体行政行为才会被停止执行。

法 条

《中华人民共和国行政复议法》

第二十一条 行政复议期间具体行政行为不停止执行；但是，有下列情形之一的，可以停止执行：

（一）被申请人认为需要停止执行的；

（二）行政复议机关认为需要停止执行的；

（三）申请人申请停止执行，行政复议机关认为其要求合理，决定停止执行的；

（四）法律规定停止执行的。

11. 行政复议中，被申请人在收到申请书副本后能否以口头形式作出答复？

案 情

孙某是某地城建部门的一位主管项目建设的领导，他工作一直都非常认真负责，很受单位“一把手”的赞赏，最近，孙某却因为工作上的一件小事，被领导批评了一顿。原来，一位叫王某的房地产开发商向孙某所在单位的领导投诉了孙某。前不久，王某制作了某小区的建设规划书并购买了相关建筑材料。然而，当王某刚刚开始施工时，就遭到当地城建部门下达的责令停工的处罚。城建部门指出，王某的这份建设规划书中包含政府即将投资建设的小型公共健身场所的位置，必须立即停工。王某不服，认为自己已经投入资金购买了建筑材料，如果听从城建部门的命令将遭受巨大损失，于是王某申请了行政复议。城建部门收到上级送达的行政复议申请书副本以后，交由孙某协调处理。孙某认为在该区域建设健身场所政府已经下发了通知并进行了公示，王某的复议申请没有道理。当日，孙某的妻子生病住院，孙某心不在焉，他就给上级机关的主管负责人打了个电话进行了答复。之后，孙某就将此事抛到了脑后，结果上级机关问责孙某所在单位的“一把手”，孙某也因此受到了批评。请问，城建部门的领导以口头形式对复议申请书副本作出答复的做法合乎法律规定吗？

解　析

孙某的做法是不恰当的，他不应当以口头方式对行政复议申请进行答复。在行政复议中，被申请人在收到申请书副本以后，不能以口头形式作出答复。对此，《行政复议法》第二十三条明确规定，被申请人（作出具体行政行为的行政机关）应该在收到申请书副本或者申请笔录复印件之日起十日内提出书面答复，并提交当初作出具体行政行为的证据、依据和其他有关材料。可见，被申请人只能以书面形式对复议申请书的副本进行答复，口头回复不仅不正式，而且不能形成书面卷宗，不利于相关材料的保存。本案中，主管此事的孙某仅仅对申请书副本作口头答复的做法违法。另外，他也没有提交当初作出具体行政行为的证据等其他材料，不能证明当初所作的行政行为合法，上级主管部门也不能获知该行政行为合法，行政复议事项并没有从根本上得以解决。

法　条

《中华人民共和国行政复议法》

第二十三条　行政复议机关负责法制工作的机构应当自行

政复议申请受理之日起七日内，将行政复议申请书副本或者行政复议申请笔录复印件发送被申请人。被申请人应当自收到申请书副本或者申请笔录复印件之日起十日内，提出书面答复，并提交当初作出具体行政行为的证据、依据和其他有关材料。

申请人、第三人可以查阅被申请人提出的书面答复、作出具体行政行为的证据、依据和其他有关材料，除涉及国家秘密、商业秘密或者个人隐私外，行政复议机关不得拒绝。

12. 行政许可中，举行听证会应遵循怎样的法定程序？

案 情

A 市四季沐浴广场拟新建一个洗浴服务项目，在报市政府审批后，又向市生态环境局提交了《建设项目环境影响申报表》。与该沐浴广场相邻的几家住户认为该项目建成可能会影响到其重大利益，遂申请生态环境局举行听证会。听证会主持人为市生态环境局审查该行政许可申请的武某。在听证会进行过程中，武某提供了审查意见的证据、理由，作为利害关系人的几位住户认为该拟建的洗浴项目投入运营后会产生潮湿及热、噪声污染，并提出了证据，但武某并未对其意见进行答复。听证过程中也未作听证笔录。最后，生态环境局根据武某的口头汇报作出了行政许可决定。那么，该生态环境局的听证程序合法吗？

解 析

生态环境局的听证程序存在多处违法。《行政许可法》第四十八条规定，行政机关应当指定审查该行政许可申请的工作人员以外的人员为听证主持人，申请人、利害关系人认为主持人与该行政许可事项有直接利害关系的，有权申请回避。武某作为审查该行政许可申请的工作人员不应再作为中立的主持人。同时，主持听证会时还应当告知申请人、利害关系人申请回避的权利并询问其是否申请。该法条还规定，举行听证时，审查该行政许可申请的工作人员应当提供审查意见的证据、理由，申请人、利害关系人可以提出证据，并进行申辩和质证。听证会应听取利害关系人的意见，给双方质证的机会。然而，武某并没有对申请人提出的证据进行质证，也没有听取他们的意见。最后，法律要求听证应当制作笔录，听证笔录应当交听证参加人确认无误后签字或者盖章。行政机关应当根据听证笔录，作出行政许可决定。本案中，听证会并未制作听证笔录，这是很严重的程序违法行为，而且，在听证后，行政机关并没有根据听证笔录而是根据武某的口头汇报作出了行政许可的决定，这种做法也违反了《行政许可法》的相关规定。

法　条

《中华人民共和国行政许可法》

第四十八条　听证按照下列程序进行：

（一）行政机关应当于举行听证的七日前将举行听证的时间、地点通知申请人、利害关系人，必要时予以公告；

（二）听证应当公开举行；

（三）行政机关应当指定审查该行政许可申请的工作人员以外的人员为听证主持人，申请人、利害关系人认为主持人与该行政许可事项有直接利害关系的，有权申请回避；

（四）举行听证时，审查该行政许可申请的工作人员应当提供审查意见的证据、理由，申请人、利害关系人可以提出证据，并进行申辩和质证；

（五）听证应当制作笔录，听证笔录应当交听证参加人确认无误后签字或者盖章。

行政机关应当根据听证笔录，作出行政许可决定。

13. 有关机关未在法定期限内办结信访事项，应当如何进行处理？

案 情

某村为了响应县里发展经济的要求，吸引了一名外地投资商来本地建设服装厂。在动土施工过程中，有村民多次到县规划建设局反映，该厂建设用地占用的是村民的宅基地和农用土地，其并未得到许可，并且该工厂施工所用建材均是质量低劣的材料，存在安全隐患。接到该信访事项的县规划建设局的工作人员却一直怠于审查该情况是否属实，对信访的村民敷衍塞责。转眼两个月过去了，县规划建设局对该信访案情一直未作出答复。最终，村里的服装厂在建设过程中由于建材质量问题发生坍塌，造成了人员伤亡事故，引起了县政府的重视，这才发现县规划建设局工作人员未在法定期限办结信访事项。那么，法律如何处理该种行为？

解 析

国家为了保证各级人民政府同人民群众之间的密切联系，

保护信访人的合法权益，维持信访秩序，制定了《信访条例》。其中，《信访条例》第四十三条规定，对信访事项有权处理的行政机关在办理信访事项过程中，推诿、敷衍、拖延信访事项办理或者未在法定期限内办结信访事项的，由其上级行政机关责令改正；造成严重后果的，对直接负责的主管人员和其他直接责任人员依法给予行政处分。因此，有关机关在办理信访事项时，应当恪尽职守，及时、妥善处理，不得推诿、敷衍、拖延。对久拖不决的，上级机关有权责令其改正，后果严重的将会依法给予相关人员行政处分。本案中，县规划建设局的工作人员在接到村民的信访举报事项时，应在规定期限内及时妥善处理，但其采取的却是敷衍、拖延的做法，这种严重损害信访群众利益的行为，是我国《信访条例》明令禁止的。对于该县规划建设局的做法应当由上级行政机关责令改正，如果已经造成了严重后果，则应对相关责任人员予以行政处分。

法条

《信访条例》

第四十三条 对信访事项有权处理的行政机关在办理信访事项过程中，有下列行为之一的，由其上级行政机关责令改正；造成严重后果的，对直接负责的主管人员和其他直接责任人员依法给予行政处分：

（一）推诿、敷衍、拖延信访事项办理或者未在法定期限内办结信访事项的；

（二）对事实清楚，符合法律、法规、规章或者其他有关规定的投诉请求未予支持的。

第五章

纪检监察法律

纪检和监察是党的纪律检查机关和政府的监察部门行使的两种职能。纪检监察工作是国家反腐败机制的一个重要部分，也是当前我们国家反腐倡廉建设的一个关键环节。而领导干部作为纪检监察的对象，应该对相关法律知识有一定的了解。知法、懂法才能更好地守法、用法，全面学习纪检监察法律知识，必然会对领导干部廉洁自律产生重大影响，同时对贯彻党内廉政建设以及取得监督工作成效具有重要的意义。

1. 对于党员的纪律处分包括哪些?

案 情

张某是某县政府水利部门的副局长，也是一名党员干部。张某某与张某乃同乡一族，张某某的父亲早年因车祸去世，其母亲虽然没有工作，但是在县城有两处房产并每年有可观的房租收入。张某某希望能为母亲办理“低保户”，后咨询民政局得知其母亲不符合低保户的条件。张某某主动联系了张某，希望张某能够为其母亲办理最低生活保障待遇。张某念张某某同为一族之人，联系了民政局相关负责人，随后张某某的母亲成功得到了最低生活保障待遇。后来张某被他人举报，县常委会通过召开会议决定给予张某警告的处分。那么，对于党员的纪律处分包括哪些呢?

解 析

对党员的纪律处分包括以下内容：(1) 警告和严重警告。党员受到警告或者严重警告处分，一年内不得在党内提升职务和向党外组织推荐担任高于其原任职务的党外职务。(2) 撤销党内职务。撤销党内职务处分，是指撤销受处分党员由党内选举或者组织任命的党内各种职务。党员受到撤销党内职务处分，二年内不得在党内担任和向党外组织推荐担任与其原任职务相当或者高于其原任职务的职务。(3) 留党察看。留党察看处分，分为留党察看一年、留党察看两年。党员受留党察看处分期间，没有表决权、选举权和被选举权。(4) 开除党籍。党员受到开除党籍处分的，五年内不得重新入党。另有规定不准重新入党的，依照规定。本案中，张某利用其社会关系，通过不正当手段使不符合享受低保待遇的张某某的母亲享受到了最低生活保障待遇，属于《中国共产党纪律处分条例》中应当受到处分的情形，根据第八条的规定，可以对其给予警告的处分。

法 条

《中国共产党纪律处分条例》

第八条 对党员的纪律处分种类：

（一）警告；

（二）严重警告；

（三）撤销党内职务；

（四）留党察看；

（五）开除党籍。

2. 党员在哪些情况下会被开除党籍？

案 情

宋某是某县教育局科员，因在单位表现优秀，顺利发展成为一名党员。后来因工作原因，结识了青年女教师马某，两人不久便产生了婚外情。某日，马某的丈夫小王无意间翻开了马某遗落在家中的手机，在微信聊天记录中，发现了马某与宋某非常暧昧的对话内容。小王得知两人有不正当关系后非常气愤，并在某日得知两人将在某酒店约会，遂前往该酒店找宋某理论，气急败坏的宋某与小王产生了争吵，并拿起桌子上的烟灰缸砸向了小王，后经司法鉴定为重伤。该县法院经过审理判决宋某构成故意伤害罪，判处有期徒刑三年。该县教育局的党组织召开会议决定开除宋某的党籍。那么，党员在什么情况下会被开除党籍呢？

解 析

根据《中国共产党纪律处分条例》第三十二条的规定，有下列情形之一的，应当给予开除党籍处分：(1) 因故意犯罪被依法判处刑法规定的主刑（含宣告缓刑）的；(2) 被单处或者附加剥夺政治权利的；(3) 因过失犯罪，被依法判处三年以上（不含三年）有期徒刑的。此外，因过失犯罪被判处三年以下（含三年）有期徒刑或者被判处管制、拘役的，一般应当开除党籍。对于个别可以不开除党籍的，应当对照处分党员批准权限的规定，报请再上一级党组织批准。本案中，宋某身为党员，因犯故意伤害罪被判处有期徒刑三年，依据《中国共产党纪律处分条例》的规定，应当受到开除党籍的处分。

法 条

《中国共产党纪律处分条例》

第三十二条 党员犯罪，有下列情形之一的，应当给予开除党籍处分：

（一）因故意犯罪被依法判处刑法规定的主刑（含宣告缓刑）的；

（二）被单处或者附加剥夺政治权利的；

（三）因过失犯罪，被依法判处三年以上（不含三年）有期徒刑的。

因过失犯罪被判处三年以下（含三年）有期徒刑或者被判处管制、拘役的，一般应当开除党籍。对于个别可以不开除党籍的，应当对照处分党员批准权限的规定，报请再上一级党组织批准。

3. 如何区分有关责任人员的失职、渎职行为？

案　情

某县为了发展区域经济，拉动就业率，通过招商引资政策在县城东郊成功引进了一批鞋服生产厂。该批工厂解决了当地几千人的就业问题，并且拉动了当地经济的增长，县政府更是给予其相当大的优惠政策。去年冬天的一个夜晚，该区域的一家服装厂发生火灾，导致十几名工人死亡，经济损失达到几百万元。后经过调查，发现由于相关部门平时疏于监管，该厂存在严重的安全隐患。该县的安全生产监督管理局局长被认定为直接责任人，该县的县委书记对于此次火灾负有重要的领导责任，该县的县长以及分管该部门的副县长没有尽到检查职责，被认定为对事故负有主要的领导责任。那么，关于责任人员的失职、渎职行为应当如何进行区分呢？

解　析

依据我国《中国共产党纪律处分条例》第三十七条的规定，违纪行为有关责任人员的区分为：（1）直接责任者，是指在其职责范围内，不履行或者不正确履行自己的职责，对造成的损失或者后果起决定性作用的党员或者党员领导干部；（2）主要领导责任者，是指在其职责范围内，对直接主管的工作不履行或者不正确履行职责，对造成的损失或者后果负直接领导责任的党员领导干部；(3) 重要领导责任者，是指在其职责范围内，对应管的工作或者参与决定的工作不履行或者不正确履行职责，对造成的损失或者后果负次要领导责任的党员领导干部。本案中，该县的安全生产监督管理局局长在其职责范围内，不履行或者不正确履行自己的职责，属于直接责任者。该县的县委书记在其职责范围内，对应管的工作或者参与决定的工作不履行或者不正确履行职责，属于重要领导责任者。该县的县长以及分管该部门的副县长对应管的工作或者参与决定的工作不履行或者不正确履行职责，属于主要领导责任者。

法　条

《中国共产党纪律处分条例》

第三十七条第一款　违纪行为有关责任人员的区分：

（一）直接责任者，是指在其职责范围内，不履行或者不正确履行自己的职责，对造成的损失或者后果起决定性作用的党员或者党员领导干部。

（二）主要领导责任者，是指在其职责范围内，对直接主管的工作不履行或者不正确履行职责，对造成的损失或者后果负直接领导责任的党员领导干部。

（三）重要领导责任者，是指在其职责范围内，对应管的工作或者参与决定的工作不履行或者不正确履行职责，对造成的损失或者后果负次要领导责任的党员领导干部。

4. 违规参加自发成立的“战友会”，会受到怎样的纪律处分？

案 情

任某是一名中共党员，当兵转业后被分配到某区园林局工作，现为某区园林局局长。2020 年国庆节期间，任某被同在园林局工作的战友林某邀请参加“战友会”。该“战友会”系自发成立的，未在民政部门进行登记，任某碍于战友情面不好拒绝，就参加了。任某、林某等 20 多名战友在某区高档酒店大吃大喝，挥霍浪费。随着战友间交流的日益频繁，任某感受到“领导身份”给其带来的优越性，其可以借聚会之际免费享受各种服务，于是，任某便编织“关系网”，拉“小圈子”，多次以“战友会”的名义聚集一些朋友，动辄出入高档消费场所，将大量时间荒废在不健康的娱乐上。任某的行为在干部群众中产生了非常不好的影响。那么，任某会受到怎样的纪律处分？

解 析

最近几年，党员领导干部参加自发成立的老乡会、校友会、战友会等组织的事件频频发生。有时候，联谊、聚会不过是一些党员干部大吃大喝、挥霍浪费的借口。为了防止党员干部通过聚集形式铺张浪费、搞利益寻租、团团伙伙，《中国共产党纪律处分条例》第七十四条明确规定，党员领导干部违反有关规定组织、参加自发成立的老乡会、校友会、战友会等，情节严重的，给予警告、严重警告或者撤销党内职务处分。本案中，任某身为党员领导干部，借战友会之名，大吃大喝、铺张浪费，编织“关系网”，拉“小圈子”，多次违规出入高档消费场所，其行为属于违规参加自发成立的“战友会”。任某的行为在干部群众中产生了非常不好的影响，应属于情节严重。依据《中国共产党纪律处分条例》第七十四条之规定，应对其作出警告、严重警告或者撤销党内职务的处分。

当然，《中国共产党纪律处分条例》第七十四条中规定严禁违规参加自发成立的老乡会、校友会、战友会等组织，关键点在于“违规”，因此，在不违反中央八项规定精神的前提下，党员包括领导干部与老乡、校友、战友聚一聚，属于正常人际交往，并不违反党的纪律，也不会受到任何处分。

法　条

《中国共产党纪律处分条例》

第七十四条　党员领导干部违反有关规定组织、参加自发成立的老乡会、校友会、战友会等，情节严重的，给予警告、严重警告或者撤销党内职务处分。

5. 党员干部见死不救的，可能受到何种纪律处分？

案　情

闫某是一名中共党员，现任某市教育体育局体育科科长。2020 年 11 月 12 日晚，闫某像往常一样下班，在开车经过某小桥时，突然发现一名女子骑着一辆小型三轮电动车失控冲入河中，情况非常紧急，眼看着水快要没过落水女子的脖子了。当时岸边有几个围观的群众大呼救人，闫某下车观看。闫某曾经得过市游泳比赛冠军，深谙水性，本来要下水去救，可担心自己救不上来落水女子会被追责，又怕水着凉伤到自己的身体，于是，闫某以公务在身为由说服自己开车离开了事故现场。后该女子溺水身亡。闫某遭人举报曾经到过现场但未施救。此事被当地媒体报道，引起了社会的广泛关注。经纪委监委调查，闫某当时系正常下班回家，并无紧急公务在身。那么，闫某在危急时刻不挺身而出，退缩不前，要受到何种纪律处分？

解 析

现实生活中，见危不救导致他人遭受严重伤害的事件层出不穷，引起了社会的广泛关注。当国家财产和群众生命财产受到威胁时，对于普通群众而言，勇于出手相助，是见义勇为的行为，应当值得赞扬；但是对于党员干部而言，挺身而出是责任所在。在入党誓词中，有这样一句："随时准备为党和人民牺牲一切。"可见，在危难时刻挺身而出是对一名党员干部最基本的要求。遇危难情况能救而不救的行为，是违反党员纪律行为的一种表现，依照党内法规应当受到党纪追究。

根据《中国共产党纪律处分条例》第一百一十八条规定，遇到国家财产和群众生命财产受到严重威胁时，能救而不救，根据情节严重程度，可能会受到警告至开除等处分。在国家财产或群众生命财产遭受严重威胁时，党员干部要敢于挺身而出；要敢于同一切的困难和危险做斗争；要将个人利益置之度外，不怕牺牲。本案中，闫某作为一名中共党员，在遇到溺水事件时，作为市游泳比赛冠军，本身具备施救条件，但是他能救而不救，导致该女子因抢救不及时死亡，在群众中造成了较坏的影响，而且该事件被媒体报道，引起了全社会的谴责，损害了党和政府的形象，属于情节严重的行为。根据《中国共产党纪律处分条例》第一百一十八条规定，应给予闫某留党察看或者开除党籍处分。

法 条

《中国共产党纪律处分条例》

第一百一十八条 遇到国家财产和群众生命财产受到严重威胁时，能救而不救，情节较重的，给予警告、严重警告或者撤销党内职务处分；情节严重的，给予留党察看或者开除党籍处分。

6. 党员干部生活奢靡浪费、贪图安逸的，要受到何种纪律处分？

案 情

齐某是某县税务局副局长，是一名中共党员。齐某有攀比好胜心理，当他看到一些老板住豪房、开豪车、抽好烟时，也希望自己能过上这样的生活。他通过“换房”“换车”来满足自己的虚荣心，从几十平方米的老式楼房换到二百多平方米的豪华别墅；从几万块钱的汽车换成百万元的豪车。而买房子、买汽车的这些钱几乎都是齐某通过权力交换得来的。齐某还违反生活纪律，长期违规出入私人会所，吃喝玩乐，生活腐化。奢靡和享乐成了他不断突破党纪国法，利用职务便利，大搞权钱交易，权色交易，以满足自己对物质追求的动因。那么，齐某奢靡浪费、贪图安逸的行为，要受到何种纪律处分？

解 析

反对生活奢靡、厉行勤俭节约，既是我们中华民族的传统美德，又是中国共产党的优良传统。我党历来重视反对生活奢靡、厉行勤俭节约，要求党员艰苦朴素、勤俭节约，并把“吃苦在前，享受在后”写进党章，作为党员的义务规定下来。即使党员干部是通过自己的合法收入享受高品质生活、购买高价位商品的，但如果明显超出了当地正常生活消费水平，党组织也要管。因为党员干部的奢靡之风不仅会腐蚀党员队伍，更会破坏我党在群众心目中的良好形象，必须加以遏止。

根据《中国共产党纪律处分条例》第一百三十四条规定，生活奢靡、贪图享乐、追求低级趣味，造成不良影响的，视情节给予警告至撤销党内职务等纪律处分。本案中，齐某作为党员领导干部，住豪宅、开豪车，违规出入高档会所，贪图享乐，造成了严重不良影响，可能会受到严重警告或撤销党内职务处分。并且，齐某存在贪污受贿等行为，要受到刑法处罚。齐某的教训告诉大家，任何时候，尚俭戒奢都应当是共产党员应有的道德操守。

法 条

《中国共产党纪律处分条例》

第一百三十四条 生活奢靡、贪图享乐、追求低级趣味，造成不良影响的，给予警告或者严重警告处分；情节严重的，给予撤销党内职务处分。

7. 国家公务员对监察机关作出的处分决定不服的应该怎么办？

案　情

陈某是某市生态环境局副局长，多年来工作兢兢业业。今年3月，该市纪委监委接到举报称陈某行贿受贿，经立案审查调查，于5月3日对陈某以严重违反党纪和职务违法作出撤销党内职务处分和撤职政务处分的决定，撤销陈某现任所有职务，降低两个职务层级，确定为副主任科员，按照规定相应降低工资等待遇。政务处分决定自作出之日起交由有关部门执行。陈某于5月4日收到政务处分决定书，对政务处分决定不服，那么他该怎么做呢？

解　析

根据《监察法》第四十九条规定，监察对象对监察机关作出的涉及本人的处理决定不服的，可以在收到处理决定之日起一个月内向作出决定的监察机关申请复审，复审机关应当在一个月内作出复审决定。如果监察对象对复审决定仍不服的，可以在收到复审决定之日起一个月内向上一级监察机关申请复核，复核机关应当在二个月内作出复核决定。复审、复核期间，不停止原处理决定的执行。本案中，陈某在收到处分决定后不服，可以依照上述规定救济自己的权利，但需要注意的是，在复审、复核期间，不停止原决定的执行。

法 条

《中华人民共和国监察法》

第四十九条 监察对象对监察机关作出的涉及本人的处理决定不服的，可以在收到处理决定之日起一个月内，向作出决定的监察机关申请复审，复审机关应当在一个月内作出复审决定；监察对象对复审决定仍不服的，可以在收到复审决定之日起一个月内，向上一级监察机关申请复核，复核机关应当在二个月内作出复核决定。复审、复核期间，不停止原处理决定的执行。复核机关经审查，认定处理决定有错误的，原处理机关应当及时予以纠正。

8. 办理与其近亲属有利害关系的监察事项时，监察人员应当回避吗?

案 情

郑某出生在农村，大学毕业后，他通过自己的努力考入了本市的监察机关工作。郑某参加工作以后经人介绍和在某机关单位工作的小美结婚生子，并把父亲接进市里共同生活。但是，最近郑某遇到了一件烦心事，那就是其在参加市里例行执法监察中发现岳父所在单位有违反党的纪律的行为，而岳父可能与此有牵连，郑某不知自己是不是应该回避。请问，郑某应该回避吗?

解　析

为了有利于监察工作的顺利开展，我国《监察法》第五十八条规定了监察人员的回避制度，其目的在于帮助监察人员避开嫌疑，做到真正的公平、公正。监察人员在办理监察事项过程中，凡涉及与本人或者本人近亲属有利害关系的，应自行回避，不得参加有关调查、讨论、决定，也不得以任何形式施加影响，应回避的监察人员必须服从决定。夫、妻、父、母、子、女、同胞兄弟姐妹属于我国《监察法》规定的近亲属范畴；而“有利害关系”是指可能影响案情公正处理的各种关系。本案中，郑某的岳父可能涉案，岳父即郑某妻子的父亲，显然符合回避的标准，即“与本人近亲属有利害关系”，因此，郑某应主动申请回避。这样既有利于保护被监察部门和人员的合法权益，确保监察事项得到客观、公正、合法的处理，同时又树立了监察机关公正执法的良好形象。

法　条

《中华人民共和国监察法》

第五十八条　办理监察事项的监察人员有下列情形之一的，应当自行回避，监察对象、检举人及其他有关人员也有权要求其回避：

（一）是监察对象或者检举人的近亲属的；

（二）担任过本案的证人的；

（三）本人或者其近亲属与办理的监察事项有利害关系的；

（四）有可能影响监察事项公正处理的其他情形的。

9. 查询涉案人员的存款属于监察机关的权限吗?

案 情

高某大学所学专业是法律，后又考取了某名校的研究生。研究生毕业后，他听从父亲的建议考取了公务员，担任某市中级人民法院法官。高某是科班出身，很快就成为单位的业务骨干，很受领导赏识，被委以重任，担任民事二庭庭长一职。最近有人向市监察局实名举报高某作为一名法官，在审理案情中经常暗示只要当事人给予其一定的报酬，便保证当事人一定胜诉。市监察局立即对高某展开了调查，发现高某日常出入有名车代步，每日消费与其薪资严重不成比例。就高某此案，市监察局需要了解高某在银行的存款明细，以确定其受贿的真实数额。请问，监察人员是否有权查询涉案人员的存款?

解 析

根据我国《监察法》第二十三条的规定，监察机关在调查涉嫌贪污贿赂、失职渎职等严重职务违法或者职务犯罪的行为时，享有查询存款的权利。监察机关只能对属于监察机关管辖范围的违反行政纪律案件涉嫌单位和人员的存款采取这项查询存款措施，即监察机关有权向银行或者其他金融机构就案件涉嫌单位和涉嫌人员的存款情况进行查阅、询问、核对。监察机关在查询时，应当向银行或者其他金融机构出具查询存款通知书，而银行或者其他金融机构不得以任何理由拒绝、阻挠或者拖延，应当准予查询并提供必要的协助。本案中，高某作为公务人员涉嫌受贿、索贿，属于该市监察机关监察管辖内，为审查确定受贿事实的存在，监察机关依据法律有权就高某受贿款项进行查证，银行等金融机构对监察机关的查询应当予以配合。另外，监察机关在必要时可以提请人民法院采取保全措施，依法冻结涉案人员在银行或者其他金融机构的存款。

法 条

《中华人民共和国监察法》

第二十三条 监察机关调查涉嫌贪污贿赂、失职渎职等严重职务违法或者职务犯罪，根据工作需要，可以依照规定查询、冻结涉案单位和个人的存款、汇款、债券、股票、基金份额等财产。有关单位和个人应当配合。

冻结的财产经查明与案件无关的，应当在查明后三日内解除冻结，予以退还。

10. 有关部门可以拒绝采纳监察建议吗?

案 情

在年度党风廉政建设考核中，某县监察机关发现本县商务局党风廉政建设工作存在假、大、空现象，有走过场和敷衍了事的嫌疑，就责令其限期改正。期限一到，监察机关另行组织工作人员对其进行重新考核评估时发现效果不明显，就依法对该商务局提出了监察建议。商务局在接到监察建议后，经过研究发现该监察建议适用法律、法规政策的规定有错误，本单位不能采纳，要求监察机关收回建议。监察机关则回复监察建议具有一定的行政法律效力，只要作出，被监察机关必须无条件采纳。请问，对于监察建议有关部门必须无条件采纳吗？

解　析

监察建议是监察机关在履行监督职责过程中，按照法律规定，依检查、调查的结果为依据，就监察对象存在的问题提出相应的改正措施、处理意见等建议。由此可知，监察机关提出的监察建议是行使监察职权的具体体现，具有一定的行政法律效力，其与一般的工作建议不同。监察机关不能替代职能部门的工作，其提出监察建议的事项不能超过被建议单位或个人职责范围内的事项，但监察建议一经提出，有关部门或者人员如无正当理由即应当采纳。有关单位拒不执行监察机关作出的处理决定，或者无正当理由拒不采纳监察建议的，应当依法改正，否则将会被通报批评，负有责任的领导人员和直接责任人员可能会遭受政务处分。所谓“正当理由”，是指监察建议所依据的主要事实有出入，适用法律、法规政策的规定有错误，程序不符合规定，以及由于不可抗力的客观原因而无法采纳等。本案中，县商务局针对监察机关依法提出的监察建议，认为其适用法律、法规政策的规定有错误，如经监察机关审查确属正当理由，可以收回建议，否则县商务局应当采纳监察建议，及时完善制度、堵塞漏洞，防止违法违纪行为的发生。

法　条

《中华人民共和国监察法》

第六十二条　有关单位拒不执行监察机关作出的处理决定，或者无正当理由拒不采纳监察建议的，由其主管部门、上级机关责令改正，对单位给予通报批评；对负有责任的领导人员和直接责任人员依法给予处理。

11. 办理监察事项中发现犯罪的，监察机关应当如何处理？

案　情

罗某是某县安全生产监督管理局（以下简称安监局）的局长，他在工作上兢兢业业、克己奉公，多次受到市、县各级领导的表彰和嘉奖。去年年初，罗某的儿子结婚要买房需要大量资金，但是罗某一辈子清正廉洁、两袖清风，手中根本没有多少积蓄。正在罗某一筹莫展之际，县里的某工厂发生了重大安全生产事故，该厂厂长找到罗某要求其帮忙隐瞒错误，承诺只要罗某帮忙定有重谢，罗某答应了。后来罗某被举报，县纪检部门在调查此事时认为罗某的行为已涉嫌刑事犯罪，不知该如何处理此事。请问，监察机关在办理监察事项中发现犯罪，应当如何处理？

解　析

根据监察机关案情移送制度的有关规定，本案中监察机关在办理监察事项中发现犯罪，应当根据具体情况作出处理。对此，我国《监察法》有明确规定，具体而言，监察机关有权监督、调查、处置以下事项：一是对公职人员开展廉政教育，对其依法履职、廉洁从政从业等情况进行监督检查；二是对涉嫌贪污贿赂、滥用职权、玩忽职守、权力寻租、利益输送、徇私舞弊以及浪费国家资财等职务违法和职务犯罪进行调查；三是对违法的公职人员依法作出政务处分决定，对履行职责不力、失职失责的领导干部进行问责，对涉嫌职务犯罪的，将调查结果移送人民检察院依法审查、提起公诉以及向监察对象所在单位提出监察建议。同时需要注意的是，如果监察机关发现不属于本机关管辖的案件，应当移送主管机关处理。其目的在于加强监察机关与有关的主管部门在工作中的协调配合，保证各种违法违纪以及犯罪行为能及时有效地查处，使法律和纪律的严肃性和统一性得以维护。纪检监察机关的工作侧重点是调查职务犯罪行为，一旦发现国家工作人员涉嫌其他违法犯罪行为，这就属于司法机关的工作侧重点。我国的司法机关是具有审判、检察、侦查、监管职能的机关，主要指法院、检察院、公安局及国家安全机关。这些部门依法独立行使审判权、检察权、侦查权及特殊侦查权。本案中，县纪检监察部门根据举报在调查罗某的违纪行为时发现罗某的行为涉嫌刑事犯罪，如果其涉嫌的犯罪行为不属于职务犯罪，应该移送有管辖权的公安、检察部门处理。同时有权处理的机关还应及时将被监察人员依法处理的结果告知监察部门。

法　条

《中华人民共和国监察法》

第十一条　监察委员会依照本法和有关法律规定履行监督、调查、处置职责：

（一）对公职人员开展廉政教育，对其依法履职、秉公用权、廉洁从政从业以及道德操守情况进行监督检查；

（二）对涉嫌贪污贿赂、滥用职权、玩忽职守、权力寻租、利益输送、徇私舞弊以及浪费国家资财等职务违法和职务犯罪进行调查；

（三）对违法的公职人员依法作出政务处分决定；对履行职责不力、失职失责的领导人员进行问责；对涉嫌职务犯罪的，将调查结果移送人民检察院依法审查、提起公诉；向监察对象所在单位提出监察建议。

第三十五条 监察机关对于报案或者举报，应当接受并按照有关规定处理。对于不属于本机关管辖的，应当移送主管机关处理。

12. 对于出具伪证的被监察人员要承担什么法律责任？

案 情

某市监察机关接到实名举报，称该市市场监督管理局在食品安全执法活动中存在违纪行为，监察部门根据举报对该单位进行了调查。调查中监察机关在对参与食品安全执法活动的工作人员进行询问时，工作人员薛某信誓旦旦地保证，该市市场监督管理局在食品安全执法活动中不存在违纪行为。后来监察机关经过多方走访和调查，终于找到了该单位在食品安全执法活动中违纪的证据。薛某在得知此消息后十分忐忑，因为其在监察机关进行询问时所说的证言系属伪造，他不知道在监察机关进行调查时作伪证需要承担什么责任。请问，被监察人员出具伪证的，要承担什么法律责任？

解 析

我国《监察法》第六十三条所称的伪造证据是指，被监察的部门和人员为了逃避监察机关的法律制裁，掩盖违纪事实，或者为了包庇违纪者，以假乱真的行为。证据是监察机关对违纪行为定性处理的重要依据，也是保证监察机关调查处理违纪违法案情正确定性的前提和基础，监察机关应当全面收集证据。被监察的部门和人员不得提供虚假情况，以掩盖违纪事实，逃避法律制裁，这是其对于能反映案情真实情况的有关证据负有的法定义务。被监察人员作伪证的，一般由其所在单位、主管部门、上级机关或者监察机关责令改正，并依法给予处理，甚至可能从重给予政务处分。本案中，薛某接受监察询问时作伪证，应当承担相应的法律责任。

法 条

《中华人民共和国监察法》

第十八条 监察机关行使监督、调查职权，有权依法向有关单位和个人了解情况，收集、调取证据。有关单位和个人应当如实提供。

监察机关及其工作人员对监督、调查过程中知悉的国家秘密、商业秘密、个人隐私，应当保密。

任何单位和个人不得伪造、隐匿或者毁灭证据。

第六十三条 有关人员违反本法规定，有下列行为之一的，由其所在单位、主管部门、上级机关或者监察机关责令改正，依法给予处理：

（一）不按要求提供有关材料，拒绝、阻碍调查措施实施等拒不配合监察机关调查的；

（二）提供虚假情况，掩盖事实真相的；

（三）串供或者伪造、隐匿、毁灭证据的；

（四）阻止他人揭发检举、提供证据的；

（五）其他违反本法规定的行为，情节严重的。

13. 对于监察机关所提问题保持沉默的被监察人员，需要承担什么法律责任？

案　情

某县发生了一起严重的持械斗殴事件，县公安局副局长夏某在处理该社会治安事件时存在违纪行为，后遭人举报，监察机关对此展开了调查。调查中发现夏某在多次执法行为中都有违反行政纪律的行为。监察机关对夏某立即展开询问，询问工作开展得十分不顺利，因为无论监察人员如何询问，夏某在整个询问中都始终保持沉默。甚至后来夏某开始出言不逊，态度恶劣，但就是对监察机关所提问题不作任何解释和说明。鉴于夏某的不合作，监察人员多次对其进行谈话，但效果均不明显。请问，被监察人员就监察机关所提问题保持沉默的，会有什么后果？

解　析

从广义上讲，沉默是公民言论自由的具体表现，除非法律另有规定，每个人面对其他人和机构的提问都有保持沉默的权利。我国《监察法》中的“沉默”，是指针对监察机关所提问题，被监察的部门和人员无正当理由拒绝作出解释和说明，公然抗拒监察机关的检查、调查活动的行为。根据我国《监察法》第十八条的规定，被监察的部门和人员在监察机关履行职责、办理监察事项时，有义务就有关问题、情况作出解释和说明，不得拒绝或者拖延。由此可知，监察部门提出的要求是带有强制性的措施，如无特殊的、本人意志以外的原因或者可以暂缓的正当理由，被监察的部门和人员必须履行义务。否则，就应承担相应的法律责任。本案中，监察人员依法对夏某进行监察询问，夏某应该就监察人员所提出的问题作出解释和说明，及早地澄清自己的问题。否则，其所在单位、主管部门、上级机关或者监察机关有权责令改正其行为，并依法给予处理。

法 条

《中华人民共和国监察法》

第十八条 监察机关行使监督、调查职权，有权依法向有关单位和个人了解情况，收集、调取证据。有关单位和个人应当如实提供。

监察机关及其工作人员对监督、调查过程中知悉的国家秘密、商业秘密、个人隐私，应当保密。

任何单位和个人不得伪造、隐匿或者毁灭证据。

第六十三条 有关人员违反本法规定，有下列行为之一的，由其所在单位、主管部门、上级机关或者监察机关责令改正，依法给予处理：

（一）不按要求提供有关材料，拒绝、阻碍调查措施实施等拒不配合监察机关调查的；

（二）提供虚假情况，掩盖事实真相的；

（三）串供或者伪造、隐匿、毁灭证据的；

（四）阻止他人揭发检举、提供证据的；

（五）其他违反本法规定的行为，情节严重的。

14. 根据实际情况和需要，监察机关在调查违反行政纪律行为时可以采取哪些措施？

案　情

马某在大学期间表现十分突出，不仅是班里的班干部还是校学生会的副会长。大学毕业后马某考取了选调生，被分配到某县参加工作。本来马某打算把这份工作当成解决自己暂时温饱的工具，但是当马某真正投入工作中后才发现自己还是很喜欢这份工作的，遂下定决心好好干下去。后来马某被调入该县的监察机关，他没有接触过这方面的工作，一切都是从头学起，参与几次调查下来，马某还是有点迷糊，不知道在调查违反行政纪律行为时可以采取哪些措施。请问，根据实际情况和需要，监察机关在调查违反行政纪律行为时可以采取哪些措施？

解　析

在我国，监察对象包括国家行政机关、国家公务员和国家行政机关任命的其他人员。这就表明监察机关在调查违反行政纪律行为时可能会受到阻碍，需要我国相关法律法规明确规定监察机关在调查时可以采取哪些措施，这在我国《监察法》中有明确规定。具体而言，监察机关在履行监察职责时可以调取、查封、扣押用以证明被调查人涉嫌违法犯罪的财物、文件和电子数据等信息；在调查涉嫌重大贪污贿赂等职务犯罪时，可以依法采取技术调查措施，为了防止被调查人及相关人员逃匿境外，还可以依法对被调查人及相关人员采取限制出境措施。至于具体应该采取何种措施，调查人员还可以根据专题会议确定。这些措施都有助于监察机关在进行调查时顺利开展工作，但是其不可以滥用手中的权力，不得对被监察人员实行拘禁或者变相拘禁等违反法律规定的措施。本案中，马某作为监察机关的工作人员在参与调查违反行政纪律行为时可以据此法条视实际情况采取措施。

法 条

《中华人民共和国监察法》

第二十五条 监察机关在调查过程中，可以调取、查封、扣押用以证明被调查人涉嫌违法犯罪的财物、文件和电子数据等信息。采取调取、查封、扣押措施，应当收集原物原件，会同持有人或者保管人、见证人，当面逐一拍照、登记、编号，开列清单，由在场人员当场核对、签名，并将清单副本交财物、文件的持有人或者保管人。

对调取、查封、扣押的财物、文件，监察机关应当设立专用账户、专门场所，确定专门人员妥善保管，严格履行交接、调取手续，定期对账核实，不得毁损或者用于其他目的。对价值不明物品应当及时鉴定，专门封存保管。

查封、扣押的财物、文件经查明与案件无关的，应当在查明后三日内解除查封、扣押，予以退还。

第二十八条 监察机关调查涉嫌重大贪污贿赂等职务犯罪，根据需要，经过严格的批准手续，可以采取技术调查措施，按照规定交有关机关执行。

批准决定应当明确采取技术调查措施的种类和适用对象，自签发之日起三个月以内有效；对于复杂、疑难案件，期限届满仍有必要继续采取技术调查措施的，经过批准，有效期可以延长，每次不得超过三个月。对于不需要继续采取技术调查措施的，应当及时解除。

第三十条　监察机关为防止被调查人及相关人员逃匿境外，经省级以上监察机关批准，可以对被调查人及相关人员采取限制出境措施，由公安机关依法执行。对于不需要继续采取限制出境措施的，应当及时解除。

15. 违纪后可能会被从宽处罚的情形有哪些？

案　情

张某是一名中共党员，大学毕业后到某县教育局工作，负责全县中小学校长资格认定、教育贷款、教育集资、捐款、教师奖励基金等工作。随着阅历增加，张某法纪意识逐渐淡薄，底线原则失守，私欲贪欲日益膨胀。张某在工作期间，利用职务之便，贪污了单位的 30 万元经费，收受贿赂 50 余万元。今年，正好赶上县里进行干部作风整顿，处理了不少违纪干部。张某被群众举报后感到非常害怕，在县纪委监委调查前，“主动投案”交代了自己的违法犯罪事实，并交代了调查机关尚未掌握的犯罪事实。另外，张某还将单位副局长梁某贪污受贿的行为予以揭发，并且提供了重要证据，后经查证属实。县纪委监委鉴于张某认罪态度较好、积极改错，而且揭发了单位其他人员的违法犯罪行为，经集体讨论，报市纪委监委批准，向县检察院提出了从宽处罚建议。那么，张某是否符合从宽处罚的情形呢？

解　析

自党的十八大以来，以习近平同志为核心的党中央高度重视反腐败工作。当前，我国反腐败斗争取得压倒性胜利，全面从严治党取得重大成果。习近平总书记强调，监督执纪问责，必须坚持惩前毖后、治病救人的方针，运用监督执纪“四种形态”，抓早抓小、防微杜渐。因此，在处理干部违法违纪问题上，对于主动汇报、真心悔过、积极改错的干部，宽大处理；对于那些知法犯法、不知悔改的干部，从严惩治。

我国《监察法》第三十一条规定了涉嫌职务犯罪的被调查人主动认罪认罚后可以从宽处罚的情形。《监察法》第三十二条规定了职务违法犯罪的涉案人员揭发有关被调查人职务违法犯罪行为时从宽处罚的情形。因此，对于涉嫌职务犯罪的被调查人和涉案人员，如果真心悔过，积极改正，或者主动自首，有重大立功表现的，监察机关有权向检察院提出从宽处罚的建议。本案中，张某的行为已经涉嫌职务违法并涉嫌职务犯罪，因其在被监察机关调查前，主动向县纪委监委汇报，并积极退赃，而且揭发了单位其他人员的违法犯罪行为，符合上文规定的从宽处罚的条件，因此，张某可以被从宽处罚。

法　条

《中华人民共和国监察法》

第三十一条　涉嫌职务犯罪的被调查人主动认罪认罚，有下列情形之一的，监察机关经领导人员集体研究，并报上一级监察机关批准，可以在移送人民检察院时提出从宽处罚的建议：

（一）自动投案，真诚悔罪悔过的；

（二）积极配合调查工作，如实供述监察机关还未掌握的违法犯罪行为的；

（三）积极退赃，减少损失的；

（四）具有重大立功表现或者案件涉及国家重大利益等情形的。

第三十二条　职务违法犯罪的涉案人员揭发有关被调查人职务违法犯罪行为，查证属实的，或者提供重要线索，有助于调查其他案件的，监察机关经领导人员集体研究，并报上一级监察机关批准，可以在移送人民检察院时提出从宽处罚的建议。

16. 被监察委调查了，可能受到哪些处置？

案　情

黎某是一名中共党员，在某县卫生健康委员会任卫生监督大队大队长。2020 年 11 月，黎某被该县纪委监察人员带走配合调查。调查结果查明被告人黎某自 2018 年 8 月至 2020 年 11 月，利用其担任某县卫生健康委员会卫生监督大队大队长职务之便，收受张某、林某、徐某、周某、左某送给的现金累计 46.2 万余元，为以上人员谋取利益，并在担任卫生监督大队大队长时在餐饮行业和宾馆推销徐某公司的消毒剂。案发后，黎某向监察机关积极退缴了非法所得。随后，该县纪委监委对黎某展开调查。那么，黎某可能会受到哪些处置？

解　析

各级纪委监委的主要职能之一是对公职人员职务违法犯

罪行为进行审查调查，从而使党内监督和国家监察实现有机统一，由此不仅能够有效化解反腐体制不顺、资源分散的困境，也能够有效打击贪污贿赂、失职渎职等职务犯罪。当纪委监委履行完纪律检查和国家监察职能后，必然会根据监督、调查结果，对被调查人作出相应处置。我国《监察法》第四十五条规定了监察机关应当根据监督、调查结果所作的不同处置情形，轻则进行诫勉、记过等，重则涉及移送审查起诉。监察机关会根据监督、调查的结果，综合考虑被调查人的违法犯罪行为情节、社会影响等依法作出不同处置。本案中，黎某在卫生健康委员会工作期间，利用职务之便，收受他人贿赂，不仅严重违反了党员干部廉洁纪律，而且涉嫌职务违法并涉嫌受贿犯罪。因此，根据《监察法》第四十五条第四项的规定，该县纪委监委在调查结束后，认为黎某犯罪事实清楚，证据确实、充分的，有权将相关材料移送人民检察院依法审查、提起公诉。

法 条

《中华人民共和国监察法》

第四十五条 监察机关根据监督、调查结果，依法作出如下处置：

（一）对有职务违法行为但情节较轻的公职人员，按照管理权限，直接或者委托有关机关、人员，进行谈话提醒、批评教育、责令检查，或者予以诫勉；

（二）对违法的公职人员依照法定程序作出警告、记过、记大过、降级、撤职、开除等政务处分决定；

（三）对不履行或者不正确履行职责负有责任的领导人员，

按照管理权限对其直接作出问责决定，或者向有权作出问责决定的机关提出问责建议；

（四）对涉嫌职务犯罪的，监察机关经调查认为犯罪事实清楚，证据确实、充分的，制作起诉意见书，连同案卷材料、证据一并移送人民检察院依法审查、提起公诉；

（五）对监察对象所在单位廉政建设和履行职责存在的问题等提出监察建议。

监察机关经调查，对没有证据证明被调查人存在违法犯罪行为的，应当撤销案件，并通知被调查人所在单位。

17. 盲目上项目，搞“政绩工程”，会受到怎样的纪律处分？

案 情

段某是一名中共党员，任某县县委书记。某县属于贫困县，段某作为地方领导干部，没有将主要精力放在脱贫攻坚上面，却把心思用在搞“政绩工程”上。2018 年 8 月，段某未经县党政领导班子集体开会讨论，擅自决定花上亿元的资金建设某旅游生态区。该项目表面上看是为了发展旅游、解决就业，引领当地群众增收致富。但是走近生态区一看，垃圾遍地都是，各种建筑材料到处堆放，已经处于烂尾状态，造成了国有资产的浪费。2019 年 11 月，段某又想发展草地生态畜牧项目，由于没有经过充分研究，决策缺乏精准性，全部烂尾。那么，段某的做法会受到怎样的纪律处分？

解 析

目前，个别党员领导干部政绩观扭曲，形式主义、官僚主义严重，缺乏大局意识和担当能力。为了所谓的政绩、罔顾实际，不认真落实党中央的重大决策部署，盲目举债、铺摊子、上项目，搞劳民伤财的“形象工程”“政绩工程”，致使国家、集体或者群众财产和利益遭受较大损失。

根据《中国共产党纪律处分条例》第一百一十七条的规定，党员干部为了搞政绩或形象工程，盲目上项目、铺摊子，导致国家、集体、群众的财产和利益受较大损失的，对直接责任者和领导责任者处以警告至开除党籍的处分，如果情节严重，给予撤销党内职务、留党察看或者开除党籍处分。本案中，段某作为某贫困县县委书记，为了给个人主政生涯“戴高帽”，脱离实际、脱离群众、脱离调查研究，盲目建设旅游生态项目和草地生态畜牧项目，造成国家财产重大损失，人民利益受损，可能受到撤销党内职务、留党察看或者开除党籍处分。

法 条

《中国共产党纪律处分条例》

第一百一十七条 盲目举债、铺摊子、上项目，搞劳民伤财的“形象工程”、“政绩工程”，致使国家、集体或者群众财产和利益遭受较大损失的，对直接责任者和领导责任者，给予警告或者严重警告处分；情节严重的，给予撤销党内职务、留党察看或者开除党籍处分。

18. 对于因违法监察而造成的损害，可以请求赔偿吗？

案　情

某市是一座十分具有文化底蕴的城市，现在该市为了提高知名度，决定把本市打造成一座古典与现代相结合的城市。这项工作的首要任务就是把一些有碍观瞻的建筑拆除掉，关某是负责这一工作的副市长。后来有人举报关某在拆迁工作中有违反行政纪律的行为，监察机关立即对关某展开了调查。监察机关在对关某进行询问时，由于关某否认自己有违纪行为，监察人员便对其进行言语侮辱，甚至拳打脚踢，造成关某右手臂骨裂。事后查明，关某确实不存在违纪行为，但是关某想知道对于监察行为造成的损害应该怎么办。请问，由于监察行为造成的损害，可以请求赔偿吗？

解　析

我国《监察法》第六十七条规定："监察机关及其工作人员行使职权，侵犯公民、法人和其他组织的合法权益造成损害的，依法给予国家赔偿。"此法律规定表明只要是监察机关或者监察人员行使职权时侵犯了公民、法人和其他组织的合法权益，造成损害的，受害人就可以请求监察机关予以赔偿。但是如果该损害非监察人员职权行为造成的，则不属于国家赔偿的范畴。监察机关作为政府的工作部门，因其履行职责构成侵权，被要求承担赔偿责任时，必须具备一定的条件才可以。那就是对监察对象的损害必须是直接的，并且是监察机关及其工作人员违法行使职权造成的，最后该损害属于法定赔偿的范围。本案中，监察人员对关某进行询问时采取暴力手段造成关某人身损害，关某可就此损害请求监察机关予以赔偿。

法　条

《中华人民共和国监察法》

第六十七条　监察机关及其工作人员行使职权，侵犯公民、法人和其他组织的合法权益造成损害的，依法给予国家赔偿。

第六章

国家安全与保守国家秘密法律

对涉及核心利益的部分开展严谨的保密工作已经成为各行各业的常态化现象，对涉及国家安全的信息进行保密亦是如此。当今世界随着社会的不断进步，国家之间的竞争也在不断加剧，做好保密工作越来越重要。尤其是网络信息系统的不断发展、壮大，通过计算机窃密与反窃密、渗透与反渗透是一场没有硝烟的战争。为了保障我国政治安全、经济安全和社会稳定，适应现阶段改革发展的形势变化，进一步提高对保密工作的重视程度是非常必要的。

1. 什么是国家安全，应坚持怎样的国家安全观？

案　情

近日，某县的一批宗教分子开始宣传极端宗教思想，意图推翻现有的政权，在当地产生了非常恶劣的影响。一些爱国人士要求县领导对这起事件严格处理，以打击这样的国家分裂分子，维护国家安全。但是县领导吴某却认为他们只是进行一些思想宣传，没有对我们的现实生活产生实质性的危害，还没有达到危害国家安全的地步，口头教育一下就行了。对于吴某的做法，很多人认为吴某没有正确的国家安全观。那么，究竟什么是国家安全，作为领导干部又应该坚持怎样的国家安全观呢？

解　析

根据我国《国家安全法》第二条的规定，国家安全涉及国家政权、主权、统一和领土完整、人民福祉、经济社会可持续发展以及国家其他重大利益没有危险，处于安全状态。对于案情中的一些企图推翻现有政权，宣传极端宗教思想的宗教分子，他们的行为不仅不利于我们的民族团结、国家统一，更是对我国政权的稳定造成了不利的影响，很明显，他们的行为已经危及我们的国家安全，性质恶劣，应该受到严惩，所以县领导吴某的说法是错误的。而且对于吴某来说，作为一名国家工作人员，应该树立正确的国家安全观，根据《国家安全法》第三条的规定，国家安全观是指以人民安全为宗旨，以政治安全为根本，以经济安全为基础，以军事、文化、社会安全为保障，以促进国际安全为依托，维护各领域国家安全，构建国家安全体系。只有树立正确的国家安全观，才能更好地去维护我国的人民、政治、经济、军事、文化、社会以及国际安全，作为国家工作人员，则更应该如此，来为人民把好国家安全的大门。

法 条

《中华人民共和国国家安全法》

第二条 国家安全是指国家政权、主权、统一和领土完整、人民福祉、经济社会可持续发展和国家其他重大利益相对处于没有危险和不受内外威胁的状态，以及保障持续安全状态的能力。

第三条 国家安全工作应当坚持总体国家安全观，以人民安全为宗旨，以政治安全为根本，以经济安全为基础，以军事、文化、社会安全为保障，以促进国际安全为依托，维护各领域国家安全，构建国家安全体系，走中国特色国家安全道路。

2. 哪些部门有权搜集涉及国家安全的情报信息？

案 情

某地海关依法对出入境人员进行检查，发现一名形迹可疑的男子，海关工作人员便依法对这名男子进行搜查，经搜查发现该男子为某一间谍组织成员，负责为该间谍组织提供有关我国军事安全的情报。对此情况，该海关并没有将该男子交由其他机关进行处理，而是由本单位对该男子展开调查，在调查中搜集到很多涉及国家安全的情报信息，之后才将该男子移送到相关机关处理。海关自己搜集涉及国家安全的情报信息是否合法？哪些部门有权搜集涉及国家安全的情报信息？

解　析

根据《国家安全法》第五十二条第一款的规定，国家安全机关、公安机关、有关军事机关根据职责分工，依法搜集涉及国家安全的情报信息。可见，只有法律上规定的机关享有搜集涉及国家安全情报信息的权力，除此之外，其他任何机关都不得擅自搜集涉及国家安全的情报信息。对于国家机关各部门在履行职责过程中，获取的涉及国家安全的有关信息应当及时上报。国家安全情报信息事关国家的安全，对一个国家来说至关重要，因此，对此类信息的搜集也要更加严格，只有特定的主体才能进行。案情中，海关不是可以搜集涉及国家安全情报信息的权力主体，不得私自展开调查搜集，应当及时将这一男子移交其他机关处理，对于已经获取的涉及国家安全的信息及时上报，只有这样，才能更好地保证涉及国家安全的信息得以保密。国家作出这一限定主要是因为搜集的主体范围越广泛，这一信息被泄露的可能性也就会相应增加，各机关应当按照法律规定，各司其职才能做到不越权、不滥权，保护国家安全情报信息的安全就是在保护我们国家的安全，保卫国家的主权。

法　条

《中华人民共和国国家安全法》

第五十二条　国家安全机关、公安机关、有关军事机关根据职责分工，依法搜集涉及国家安全的情报信息。

国家机关各部门在履行职责过程中，对于获取的涉及国家安全的有关信息应当及时上报。

3. 对即将发生的危害国家安全的事件，情况紧急，可以越级上报吗?

案 情

张某是某个县政府办公室主任，一天，张某接到举报称有一群不法分子声称自己是某宗教人士，欲举行武装暴动。张某赶紧联系了有关部门对该行为进行调查，经调查，确实有一批声称“人主教”的人士，但是并未有证据证明该教有任何不法行为。但是，张某一直关注着这个教派的动态。不久后，张某观察到这个教派有一些异常举动，经调查，这个教派可能在勾结外国势力欲对国内某个地区进行不法行为，由于规模较大，一旦发生事故，会严重威胁国家安全。由于情况紧急，张某赶紧向省里汇报了这一情形，请省领导进行批示，采取行动阻止该事件的发生。后来，市里的领导得知此事，对张某进行了批评，认为张某不应该擅自越级上报，应该经过市政府层报上级。那么，对即将发生的危害国家安全的事件，情况紧急，可以越级上报吗?

解 析

本案中，张某的行为是正确的，在紧急时刻，容不得任何浪费时间的行为，所以，张某可以不经市里领导而直接越级上报。对此，我国《国家安全法》第五十八条规定，对可能即将发生或者已经发生的危害国家安全的事件，县级以上地方人民政府及其有关主管部门应当立即按照规定向上一级人民政府及其有关主管部门报告，必要时可以越级上报。本案中，张某察觉到某个教派欲勾结外国势力进行不法活动，该活动会严重威胁国家安全，在如此紧急的情况下，为了能尽快采取措施制止这一行为，我国法律赋予了下级政府部门“越级上报”的权利，这样一来，不仅可以节省时间，提高效率，也能第一时间保护国家安全。由此也可以看出，我们国家的法律和制度是允许必要时越级上报的，毕竟任何时候，都是国家和人民的利益大于一切。

法 条

《中华人民共和国国家安全法》

第五十八条 对可能即将发生或者已经发生的危害国家安全的事件，县级以上地方人民政府及其有关主管部门应当立即按照规定向上一级人民政府及其有关主管部门报告，必要时可以越级上报。

4. 国家秘密的保密期限有多久？

案 情

张某是部委研究所的工程师，在任职期间张某凭借自己出色的科研水平被某公司外聘，参与该公司的某国防重点工程的建设。为了保障信息安全，该公司和张某签订了保密协议，协议中明确规定，该工程所涉及的一切信息均为国家秘密，属于绝密级别，保密期为二十年。后来，在该工程顺利完工的五年后，张某回到研究所给学生上课时，因为学生对张某所参与的该国防工程的细节非常感兴趣，张某想到让自己保密二十年的时间太久远，不切实际，一时兴起便将该工程所运用到的各类技术当作课堂案例对学生们进行了讲演。后来有人将上课时的笔记传到了网上，造成了该国防工程的信息泄露。那么，本案中张某的行为是否构成泄密，国家秘密的保密期限有多久呢？

解　析

首先，本案中张某的行为已经造成了国家秘密的泄露。张某和某公司合作之时双方就已经签订了保密协议，约定该工程所涉及的一切信息均为国家秘密，属于绝密级别，不得外传，而张某却在给学生上课时将该工程所运用到的技术当作课堂案例展示，还被传到了网上，使该工程技术被公之于众，张某的行为构成泄密。其次，本案还涉及一个重要问题，即国家秘密的保密期限，本案中的张某认为保密期限为二十年的协议时间太长，自己可以不遵守的想法是错误的，根据我国《保守国家秘密法》第十五条第二款的规定，国家秘密按照级别不同，保密期限不同。一般情况下，绝密级不超过三十年，机密级不超过二十年，秘密级不超过十年。此外还有一些特殊情况需要特殊对待，各机关、单位应当根据工作需要，确定具体的保密期限、解密时间或者解密条件。当机关、单位根据工作需要决定公开已经确定为保密的事项的，正式公布时即视为解密。对于其他未公开仍在保密期限内的保密事项，其工作人员无论何时、何种情况都必须保守该事项。本案中，张某在签订保密协议时就已经知晓了该国防工程属于绝密级别，约定张某的保密期限为二十年，根据上述法条的规定可知该约定并不违法，因此张某仍在保密期限制内，其行为构成泄密。

法　条

《中华人民共和国保守国家秘密法》

第十五条　国家秘密的保密期限，应当根据事项的性质和特点，按照维护国家安全和利益的需要，限定在必要的期限内；不能确定期限的，应当确定解密的条件。

国家秘密的保密期限，除另有规定外，绝密级不超过三十年，机密级不超过二十年，秘密级不超过十年。

机关、单位应当根据工作需要，确定具体的保密期限、解密时间或者解密条件。

机关、单位对在决定和处理有关事项工作过程中确定需要保密的事项，根据工作需要决定公开的，正式公布时即视为解密。

5. 哪些情形下国家秘密应当被解密？

案　情

王某是某市国家安全局的副局长，他在该岗位上已经兢兢业业工作了几十年，很快就要退休了。在工作中，王某非常敬业，总是叮嘱自己的下属作为国家安全人员，一定要尽职尽责，掌握好反间谍等隐蔽战线的工作技能，维护国家安全，因此受到了很多领导、同事的尊敬和喜爱，全局上下对王某以身作则、严守国家秘密的工作作风都赞不绝口。2019 年，由于身体原因，王某不得不申请提前退休，在办理退休手续的过程中，单位发现王某移交的工作中有的保密事项已经过期，有的虽然在保密期，但属于公开后也不会损害国家安全和利益的，那么对这部分保密事项单位应当如何处理呢？

解 析

针对保密期已过以及虽在保密期，但属于公开后也不会损害国家安全和利益的，单位应当履行解密程序，保密事项被解密后，王某可以对此部分不承担保密义务。所谓解密，是指依照法律规定，通过一定的形式或履行一定的手续，解除某一国家秘密事项的密级，使其不再受到保密法律法规及保密管理措施限制的过程。当某一国家秘密事项解密后，就不再作为国家秘密进行管理，也不再受国家保密法律、法规、制度的保护。国家秘密事项的解密是一项重要的工作，那么在哪些情况下应当履行解密程序呢？根据我国《保守国家秘密法》第十九条的规定，国家秘密的保密期限已满的，自行解密。机关、单位应当定期审核所确定的国家秘密。对在保密期限内因保密事项范围调整不再作为国家秘密事项，或者公开后不会损害国家安全和利益，不需要继续保密的，应当及时解密；对需要延长保密期限的，应当在原保密期限届满前重新确定保密期限。提前解密或者延长保密期限的，由原定密机关、单位决定，也可以由其上级机关决定。本案中的王某承担保密义务的部分事项刚好符合上述两种情况，所以单位应当进行解密。

法 条

《中华人民共和国保守国家秘密法》

第十九条 国家秘密的保密期限已满的，自行解密。

机关、单位应当定期审核所确定的国家秘密。对在保密期限内因保密事项范围调整不再作为国家秘密事项，或者公开后不会损害国家安全和利益，不需要继续保密的，应当及时解密；对需要延长保密期限的，应当在原保密期限届满前重新确定保密期限。提前解密或者延长保密期限的，由原定密机关、单位决定，也可以由其上级机关决定。

6. 涉密人员出境应当如何处理？

案 情

赵某是某市经济技术开发区管理委员会专门负责机要保密工作的人员，由于工作关系，很多保密级文件都必须经过赵某的手进行留存并存档，在工作期间，赵某深知作为一名机要保密的工作者，必须要认真细致，保管好国家秘密，于是时刻告诫自己要谨慎工作。不久前，赵某的女儿出国留学。然而刚到学校不到一个月，由于水土不服，赵某的女儿生了一场重病，赵某心急如焚，于是准备向单位请假，出国照顾女儿一段时间。那么，涉密人员出境应当如何处理？

解 析

涉密人员掌握着国家秘密，其身份不同于普通老百姓，最为明显的一个特征就是在出境限制上。根据我国《保守国家秘密法》第三十七条的规定，涉密人员出境应当经有关部门批准，有关机关认为涉密人员出境将对国家安全造成危害或者对国家利益造成重大损失的，不得批准出境。对涉密人员出境进行限制，主要是为了防止某些涉密人员携带我国的国家机密出逃至他国，进而背叛祖国。具体到本案中，赵某的女儿在出国留学期间生病，赵某若想出国照顾女儿一段时间，必须经有关部门的批准，而不能随意出走。有关部门将根据赵某所掌握的国家秘密的实际情况进行判断，若其出境行为将对国家安全或利益造成重大损失，赵某将不得出境。

法 条

《中华人民共和国保守国家秘密法》

第三十七条 涉密人员出境应当经有关部门批准，有关机关认为涉密人员出境将对国家安全造成危害或者对国家利益造成重大损失的，不得批准出境。

7. 对涉密信息系统的管理，应严防出现哪些行为？

案 情

江某是一名军人，2018 年 3 月，江某凭借自己优异的表现和出色的军事技能，被调至军队的保密部门工作。刚上岗时，江某因为接触到了更多的军事机密，深感责任重大，工作时一丝不苟，半点不敢马虎。工作了一年多之后，有一次，江某在休探亲假时，迷上了电子游戏，从此以后便一发不可收拾，总想上网去厮杀几局。由于痴迷游戏，江某在工作时难以安心，甚至利用自己工作时用来存军事机密档案的电脑，偷偷连接外网来上网打游戏，见无人察觉，便经常这样做。后来，江某的行为被同事揭发，经过调查，江某在上班期间经常用存有军事机密的电脑连接外网，但并未导致信息泄露。那么，本案中江某的行为违法吗？

解 析

江某的行为是违法的。根据《保守国家秘密法》第二十四条第一项的规定，机关、单位应当加强对涉密信息系统的管理，任何组织和个人不得出现将涉密计算机、涉密存储设备接入互联网及其他公共信息网络的行为。而本案中的江某却由于迷上了电子游戏，在工作时忘却了自己的保密职责，将载有军事机密档案的电脑连入公共信息网络打游戏，此行为严重违反了上述法律规定，应当被禁止。需要注意的是，除了禁止将涉密计算机、存储设备连入互联网及其他公共信息网络的行为之外，该法第二十四条还规定了其他在涉密信息系统管理过程中所被禁止的行为，包括在未采取防护措施的情况下，在涉密信息系统与互联网及其他公共信息网络之间进行信息交换；使用非涉密计算机、非涉密存储设备存储、处理国家秘密信息；擅自卸载、修改涉密信息系统的安全技术程序、管理程序；将未经安全技术处理的退出使用的涉密计算机、涉密存储设备赠送、出售、丢弃或者改作其他用途。

法 条

《中华人民共和国保守国家秘密法》

第二十四条 机关、单位应当加强对涉密信息系统的管理，任何组织和个人不得有下列行为：

（一）将涉密计算机、涉密存储设备接入互联网及其他公共信息网络；

（二）在未采取防护措施的情况下，在涉密信息系统与互联网及其他公共信息网络之间进行信息交换；

（三）使用非涉密计算机、非涉密存储设备存储、处理国家秘密信息；

（四）擅自卸载、修改涉密信息系统的安全技术程序、管理程序；

（五）将未经安全技术处理的退出使用的涉密计算机、涉密存储设备赠送、出售、丢弃或者改作其他用途。

8. 保密工作责任制是怎么回事？

案 情

小李在大学毕业之后，由于成绩优异，办事能力强，很快被一家国有企业看中并被聘用。从入职到现在仅仅一年多的时间，小李已经从一个小小的职工升任市场部经理。但是，2020年9月，公司发现一些客户信息被泄露，导致公司的经营严重受到影响。后经调查发现，是因为小李并没有对该部门较为重要的客户信息进行特别保护，使得不怀好意的人有机可乘，造成了公司的损失。公司因此对小李进行了处分，但是，小李觉得自己挺冤的，公司并未告知自己要对需要保密的信息进行特别保护。但是公司称对于保密事项实施的是保密工作责任制。那么，保密工作责任制是怎么回事？

解 析

保密工作责任制，是指对于机关、单位的相关保密工作，由机关、单位的负责人负责，当由于机关、单位的保密工作不到位，造成损失时，应当由该负责人承担一定的责任。根据我国《保守国家秘密法实施条例》第六条的规定，机关、单位实行保密工作责任制。机关、单位负责人对本机关、本单位的保密工作负责，工作人员对本岗位的保密工作负责。机关、单位应当根据保密工作需要设立保密工作机构或者指定人员专门负责保密工作。机关、单位及其工作人员履行保密工作责任制情况应当纳入年度考评和考核内容。对于案情中的小李，作为公司市场部的负责人，应当对该部门的相关保密信息进行特殊保护，可以设立保密工作机构或者指定人员专门负责保密工作，客户信息对于公司来说，属于公司重要的资源，直接影响公司以后业务的开展，小李应当对客户信息进行保护，但是由于小李的疏忽，没有对这些客户信息妥善保护，使这些重要信息遭到泄露，给公司带来了不利的影响。小李不能以公司没有告知其保密信息需要特别保护为由，不承担责任。

法 条

《中华人民共和国保守国家秘密法实施条例》

第六条 机关、单位实行保密工作责任制。机关、单位负责人对本机关、本单位的保密工作负责，工作人员对本岗位的保密工作负责。

机关、单位应当根据保密工作需要设立保密工作机构或者指定人员专门负责保密工作。

机关、单位及其工作人员履行保密工作责任制情况应当纳入年度考评和考核内容。

9. 单位组织保密培训有必要吗?

案 情

张某是一名国家工作人员，一直以来都在政府部门工作。因工作需要，张某被上级组织调至某保密行政管理部门工作。到该部门工作以后，张某明显感觉到其工作性质不如以前单位轻松，自己稍微有点力不从心。而且这个单位大大小小的要求非常多，经常给大家开会强调各种纪律。除此以外，单位还经常组织大家参加有关保密各方面内容的教育培训。张某起初很积极参加培训，后来觉得自己该知道的都知道了，参加这种培训根本就没有必要。于是，张某向单位的领导反映了这一情况，称单位组织保密培训没有必要。领导听后，对张某进行了批评教育。那么，单位组织保密培训是否有必要呢?

解 析

本案中，张某的观点是错误的，单位组织保密培训是非常有必要的。我国《保守国家秘密法实施条例》第七条规定，各级保密行政管理部门应当组织开展经常性的保密宣传教育。机关、单位应当定期对本机关、本单位工作人员进行保密形势、保密法律法规、保密技术防范等方面的教育培训。据此可以看出，我们国家的法律明文规定了各级保密行政管理部门应该经常组织工作人员进行保密的宣传教育和培训。法律作出此规定，是有一定的依据的。我们如今生活在一个日新月异的时代，网络技术的发展速度远远超出了我们的预期。

如果不随时进行培训和充电，就无法跟上这个时代的脚步，也就不能把握整个社会的形势。对工作人员进行宣传和培训，才能让这些人懂得其做的保密工作的积极意义，并从内到外真正做好这份工作，以更好地应对在保密工作中遇到的各种问题和挑战。

法　条

《中华人民共和国保守国家秘密法实施条例》

第七条　各级保密行政管理部门应当组织开展经常性的保密宣传教育。机关、单位应当定期对本机关、本单位工作人员进行保密形势、保密法律法规、保密技术防范等方面的教育培训。

10. 只有单位负责人才能成为定密责任人吗？

案　情

小何是某保密行政管理部门的工作人员，自入职以来，小何一直兢兢业业地工作，每年都被评为先进工作者。小何十分热爱学习，喜欢挑战新鲜事物，单位里有同事遇到网络技术问题小何都能轻松解决。在单位组织的保密工作培训中，小何也表现得十分突出，并且每次都会写一份培训心得，每次写的心得都被其他工作人员当作范本阅读。小何的工作能力之强，让很多人都看在了眼里，领导们更是对小何夸赞有加。后来，单位要定一个定密责任人，所有的领导都想让小何来担任，但是小何认为只有单位负责人才能担任，自己没有资格。而有些人却说，不一定必须是单位负责人，根据工作需要也可以指定其他人为定密责任人。那么，谁的说法是正确的？

解析

一般而言，定密责任人确实应该是单位负责人，但是也可以是其他人。我国《保守国家秘密法实施条例》第九条规定，机关、单位负责人为本机关、本单位的定密责任人，根据工作需要，可以指定其他人员为定密责任人。专门负责定密的工作人员应当接受定密培训，熟悉定密职责和保密事项范围，掌握定密程序和方法。据此可知，本案中的小何也可以被指定为定密责任人。但是定密责任人也不是谁都可以担任的，其还应该具备一定的基本条件，如应该具有较高的保密观念和保密法治意识，热爱保密工作；熟悉基本的保密法律、法规、规章。除此以外，还要责任心强、工作认真细致、对于新鲜事物容易接受、学习能力强、成绩突出，等等。具备了这些基本条件，才能成为一名合格的定密责任人。

法条

《中华人民共和国保守国家秘密法实施条例》

第九条 机关、单位负责人为本机关、本单位的定密责任人，根据工作需要，可以指定其他人员为定密责任人。

专门负责定密的工作人员应当接受定密培训，熟悉定密职责和保密事项范围，掌握定密程序和方法。

11. 定密责任人的职责有哪些？

案 情

李某是一名老干部，参加国家保密工作已经有二十年之久。不久前，李某被调至某个保密行政管理部门工作，并担任该部门的负责人，同时也是定密责任人。李某虽然参加工作多年，但还是第一次担任定密责任人这一职务，对于具体的职责李某不是很清楚。况且在调至该单位之前，也没有人就定密责任人的职责向李某作出详细的介绍。后来，李某的助理告知李某，其主要的工作就是对本单位的各个事项进行审核，并对一些保密事项和涉及密级的事项进行确定。李某不解，自己难道只需要审核就好了吗？那么，根据法律规定，定密责任人的具体职责到底有哪些呢？

解 析

根据我国《保守国家秘密法实施条例》第十条的规定，定密责任人在职责范围内承担有关国家秘密确定、变更和解除工作。具体职责是：（一）审核批准本机关、本单位产生的国家秘密的密级、保密期限和知悉范围；（二）对本机关、本单位产生的尚在保密期限内的国家秘密进行审核，作出是否变更或者解除的决定；（三）对是否属于国家秘密和属于何种密级不明确的事项先行拟定密级，并按照规定的程序报保密行政管理部门确定。所以本案中，李某作为定密责任人，其职责就是按照上述规定进行。国家规定每个单位都要有定密责任人，这有利于建立科学的定密责任制，使定密工作责任明确、分工合理、程序严谨，同时也能及时完成密级变更工作，实现定密工作精准、高效、可靠。

法　条

《中华人民共和国保守国家秘密法实施条例》

第十条　定密责任人在职责范围内承担有关国家秘密确定、变更和解除工作。具体职责是：

（一）审核批准本机关、本单位产生的国家秘密的密级、保密期限和知悉范围；

（二）对本机关、本单位产生的尚在保密期限内的国家秘密进行审核，作出是否变更或者解除的决定；

（三）对是否属于国家秘密和属于何种密级不明确的事项先行拟定密级，并按照规定的程序报保密行政管理部门确定。

12. 属于国家秘密的文件需要通过什么途径进行传递？

案　情

武某是中国人民银行货币金融研究室的一个领导，不久前，武某在外出差，需要写一份关于金融研究的报告，里面需要一些统计数据进行支持，正好前一段时间自己的下属梁某负责整理了部分从合法渠道获悉、尚未正式公布的涉密数据，于是便和梁某进行联系，要求梁某将数据传递给自己。但不巧的是，单位正在进行计算机系统的维护工作，在该时间段内无法利用机要通信进行传递。为了能尽快得到资料，武某便指示梁某利用私人邮箱进行传递。后来，武某的邮箱遭遇黑客入侵，武某从梁某处接收到的保密信息被不法分子所截取，导致大量国家秘密泄露。那么，本案中武某和梁某传递国家保密信息的方式是否合法？如果不合法，又该通过什么样的途径进行传递呢？

解　析

本案中武某和梁某通过私人邮箱传递国家秘密信息的方式是不合法的。严守党和国家机密，是关系到国内社会的安定团结、经济建设的进一步发展、党和国家自身安全的大事，它要求我们的各级机关、单位的领导、同事高度重视。为了保卫这些国家秘密不受侵犯，我们需要全面建立一整套制度体系来规避各种可能泄露的风险，对国家秘密的传送进行严格规定也是防止信息泄露制度的重要一环。根据《保守国家秘密法实施条例》第二十一条第三项的规定，传递国家秘密载体，应当通过机要交通、机要通信或者其他符合保密要求的方式进行。具体到本案中，武某为了能尽快获得保密资料，在维修计算机信息系统期间，要求下属梁某通过私人邮箱的方式传送给自己，此种方式明显违反了上述法律规定的必须通过机要通信或其他符合保密要求的方式进行传递的要求。而后来黑客入侵导致信息泄露也有力地证实了不按照法定方式进行保密信息传递所带来的不利后果。领导干部在工作中，要全方位考虑绝密信息泄露的可能性大小，从细节着手，不为其他主体通过非法方式窃取机密留下任何疏漏。

法 条

《中华人民共和国保守国家秘密法实施条例》

第二十一条 国家秘密载体管理应当遵守下列规定：

……

（三）传递国家秘密载体，应当通过机要交通、机要通信或者其他符合保密要求的方式进行。

……

13. 单位载有国家秘密的计算机坏了，可以请外单位的人员来修吗？

案 情

乔某是某市国家统计局的办公室副主任，一天，乔某在利用载有很多统计局未对外公布的经济数据的电脑查阅资料时，突然系统崩溃，乔某在发现电脑出现问题后，便给单位的计算机维护人员打电话，但是未接通，由于工作紧急，乔某便通过手机搜索在网上预约了一个工程师上门服务修电脑。很快，该工程师便来到了乔某的办公室，并在半个小时后修好了电脑。后来，乔某的行为被上级领导知道后，对其进行了处分。乔某却觉得自己非常委屈，认为自己是因为工作紧急才从外面找来了工程师修电脑，也并未造成国家秘密的泄露，处分太重。那么，载有国家秘密的计算机坏了，可以请外单位的人员来修吗？

解　析

网络系统对我们进行信息搜集、运用、传播和管理带来了巨大的方便，被人们广泛运用于生活和工作中，保密工作也不例外。从目前我国计算机网络应用的实际情况来看，计算机网络分为三类：一是互联网络和与互联网络相连但不载有国家秘密的内部网络（即公共信息网络）；二是与互联网断开仅用于处理内部事项的内部网络；三是涉密网络。所谓涉密网络系统是指专门进行国家秘密信息的采集、存储、加工、使用等的计算机信息系统。涉密网络系统由于承载了国家秘密，一旦出现故障，为了保障信息不泄露，在维修方面必须遵守《保守国家秘密法实施条例》第二十一条的规定，应当由本机关、本单位专门技术人员负责。确需外单位人员维修的，应当由本机关、本单位的人员现场监督；确需在本机关、本单位以外维修的，应当符合国家保密规定。具体到本案中，乔某由于工作紧急，在存有国家保密信息的系统发生故障的情况下，未由本机关的人员现场监督，让外部维修人员进行维修，虽然最终未造成泄密的结果，但是其行为已经触犯了法律的规定，从确保涉密信息万无一失的角度来说，我们必须杜绝此类具有泄密可能性行为的发生。

法　条

《中华人民共和国保守国家秘密法实施条例》

第二十一条　国家秘密载体管理应当遵守下列规定：

……

（六）维修国家秘密载体，应当由本机关、本单位专门技术人员负责。确需外单位人员维修的，应当由本机关、本单位的人员现场监督；确需在本机关、本单位以外维修的，应当符合国家保密规定。

……

14. 销毁载有国家秘密的设备或文件时，应该怎样做？

案 情

沈某在某国家单位的保密部门任职，在他工作期间，由于保密意识淡薄，保密工作严重失职，给密级文件的管理留下了重大隐患。2020年5月，沈某照常将上年度应当上缴的带密文件进行整理后放入机要室的保险柜中存放。在存放过程中，沈某见文件繁杂，便想重新规整一番，发现某一文件正是上个星期领导指示自己要销毁的文件，而当时自己比较忙就忘记了销毁，于是随手将纸张抽出来撕成了两半扔进了垃圾桶。后来，过了半个月，某国的报纸刊登了关于我国中央内部的情报信息，单位在上级的命令下彻查泄密者，最终发现是由于沈某未按规定销毁带密文件而造成的。那么，保密人员在销毁保密文件时应当如何做才合法呢？

解 析

文件的作用是用来记录、储存信息的，对于保密文件，由于其所涉及的内容仅针对部分人员公开，对外者必须要严格保守秘密，所以必须要做好保密措施，若碰到某类过期的保密文件或者说是某类文档、资料等需要进行保密销毁的，我们必须重点关注销毁的过程是否符合法律规定，是否能完全消除印记，排除通过碎片再次还原的可能性。根据我国《保守国家秘密法实施条例》第二十二条的规定，销毁国家秘密载体应当符合国家保密规定和标准，确保销毁的国家秘密信息无法还原。在具体的程序、方法上，它还要求销毁国家秘密载体应当履行清点、登记、审批手续，并送交保密行政管理部门设立的销毁工作机构或者保密行政管理部门指定的单位销毁。机关、单位确因工作需要，自行销毁少量国家秘密载体的，应当使用符合国家保密标准的销毁设备和方法。具体到本案中，沈某作为保密工作者，保密意识淡薄，不仅未按领导的要求当即完成销毁保密文件的任务，还通过将文件撕成两半扔进垃圾桶的方式进行销毁，显然不符合上述法律规定的要求。

法 条

《中华人民共和国保守国家秘密法实施条例》

第二十二条 销毁国家秘密载体应当符合国家保密规定和标准，确保销毁的国家秘密信息无法还原。

销毁国家秘密载体应当履行清点、登记、审批手续，并送交保密行政管理部门设立的销毁工作机构或者保密行政管理部门指定的单位销毁。机关、单位确因工作需要，自行销毁少量国家秘密载体的，应当使用符合国家保密标准的销毁设备和方法。

15. 泄密事件发生后，应该立即采取什么措施？

案 情

文某是某市教育局的一个领导，基于职务上的便利，文某能够充分接触到中考的各科试题，该市的某教育机构为了提高辅导学生的升学率，加大知名度，于是和文某进行了一段时间的接洽后，买通了文某，并于中考的前几天得到了语文和数学的试题。然而在试题泄露后没几天，文某的行为便遭到了匿名举报，文某的领导蒋某听说了此事后，经过调查很快就锁定了文某为泄密者。由于正值该市教育局被评为优秀单位的关键阶段，为了避免文某泄密事件影响到集体利益，蒋某便通过私人关系想尽力压制丑闻的发酵。然而，在各大媒体的报道下，文某和蒋某的行为被曝光。那么，当遇到泄密事件时，单位到底应当如何处理呢？

解　析

泄密事件是指违反保密法律法规，使国家秘密被不应知悉者而知悉，导致国家、集体的利益受到严重损害的事件。我们建立和完善各种保密制度就是为了防范泄密事件的发生，但不可否认的是，现实生活中还是有一些人保密意识差、工作不够细致，基于故意或者过失的心态将国家秘密外泄。为了将泄密所造成的损失降至最低，《保守国家秘密法实施条例》第三十四条规定，机关、单位发现国家秘密已经泄露或者可能泄露的，应当立即采取补救措施，并在24小时内向同级保密行政管理部门和上级主管部门报告。地方各级保密行政管理部门接到泄密报告的，应当在24小时内逐级报至国家保密行政管理部门。本案中，教育局的领导蒋某在已经确定文某将中考题目泄露后，为了维护教育局的形象，并没有立即采取补救措施，而是利用私人关系尽力压制丑闻，违背法律规定，应当根据《保守国家秘密法实施条例》第三十九条的规定对蒋某及文某给予处分。

法　条

《中华人民共和国保守国家秘密法实施条例》

第三十四条　机关、单位发现国家秘密已经泄露或者可能泄露的，应当立即采取补救措施，并在24小时内向同级保密行政管理部门和上级主管部门报告。

地方各级保密行政管理部门接到泄密报告的，应当在24小时内逐级报至国家保密行政管理部门。

第三十九条　机关、单位发生泄露国家秘密案件不按照规定报告或者未采取补救措施的，对直接负责的主管人员和其他直接责任人员依法给予处分。

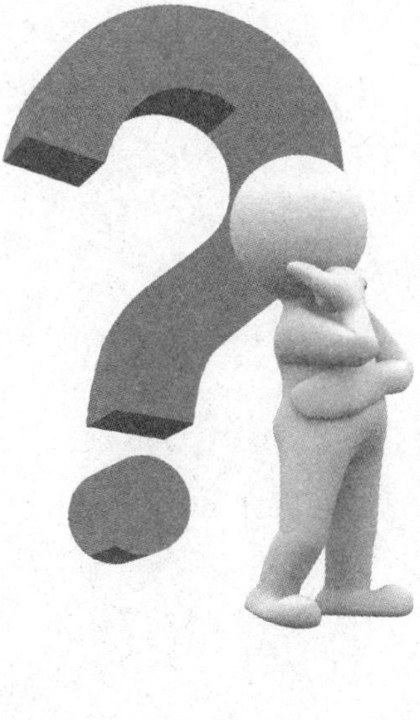

第七章

刑　法

我国《刑法》是规定犯罪、刑事责任和刑罚的法律，与其他法律不同，《刑法》是最具有严厉性的法律，触犯《刑法》的行为我们称为“犯罪”。对于“犯罪”这个概念大家并不陌生，我们痛恨犯罪分子给社会带来的危害。而领导干部身份地位特殊，其如果有违法犯罪的行为，社会危害性更大。因此，领导干部们必须以更加严格的标准要求自己和身边的人，这就需要他们对刑法知识进行深入细致的了解。

1. 收受了别人的钱财，却没有为他人谋取利益的，构成受贿罪吗?

案　情

刘某是某基层人民法院民庭庭长，该法庭目前正在审理一起案件，是当地的一家包装厂和其工人之间的劳动纠纷案件。该厂厂长认为，如果该起官司输了，包装厂在当地的声誉就会变差，生意肯定也会受到影响。于是该厂厂长找到了刘某，希望刘某帮忙，判该厂胜诉，该厂厂长以20万元钱作为报酬。刘某收了钱，答应了厂长的请求，争取判其胜诉。在案件审理阶段，刘某几次想插手该案件，但是均被主审该案件的法官以各种理由拒绝了，使得刘某根本无法接触该案件，主审法官依法作出了该厂败诉的判决，刘某最终未能为该厂争取到利益。事后，刘某收取该厂厂长钱财的行为败露，要依法追究其责任，刘某辩称虽然其收受了厂长的钱财，但是并没有为其谋取到实质利益，因此不构成受贿罪。本案中，民庭庭长刘某的行为是否构成受贿罪？

解　析

本案中，刘某收受了厂长钱财，即使没有为厂长谋取到实质利益，刘某的行为也构成了受贿罪。根据《刑法》第三百八十五条的规定，国家工作人员利用职务上的便利，索取他人财物的，或者非法收受他人财物，为他人谋取利益的，是受贿罪。需要注意的是，对于被动收受财物的行为，必须要有为他人谋取利益这一条件，但是为他人谋取利益不代表为他人谋到了利益，只要答应为他人谋利益就成立受贿罪。因此在本案中，刘某收受厂长的财物，并答应为厂长办事，至于答应厂长的事没办成，没有为厂长谋取到切实的利益，不影响受贿罪的成立。所以本案中刘某的行为构成受贿罪，依法会被追究刑事责任。

法　条

《中华人民共和国刑法》

第三百八十五条　国家工作人员利用职务上的便利，索取他人财物的，或者非法收受他人财物，为他人谋取利益的，是受贿罪。

国家工作人员在经济往来中，违反国家规定，收受各种名义的回扣、手续费，归个人所有的，以受贿论处。

2. 滥用职权作决定，造成了损失，是犯罪吗?

案　情

某县县城有一家煤矿，100 多名工人在该煤矿工作。马某是该县的县长，该煤矿是马某的亲戚开办的，因此，该家煤矿即使安全设施不达标，也没有被责令整改。一天，由于该煤矿的安全设施不合格，造成全矿 50 多名工人被困在井下，此事被通报到县里，马某为了帮亲戚隐瞒此事，拖着不将此事上报市里，只是组织人员进行简单的救援工作。两天后，矿上受害工人的亲属上访，市里领导知道此事后下来视察，并组织人手积极开展救援工作，但是由于错过了最佳救援时间，造成12名工人死亡，影响十分恶劣。最后，当地检察院依法追究马某的刑事责任，依照法律规定，县长马某的行为应受到何种处罚？

解 析

马某的行为构成滥用职权罪。滥用职权罪是指国家工作人员滥用职权，致使公共财产、国家和人民利益遭受重大损失的行为。滥用职权表现在两方面：一是超越职权，即国家工作人员实施了其无权实施的行为，包括下级行使上级的职权，本部门行使其他部门的职权，上级越过下级直接代下级行使职权等。二是不正当行使法律职权，如未遵守法律程序，考虑不相关因素或不考虑应该考虑的因素。本案马某的行为属于不正当行使职权，在发生重大煤矿事故后，该县县长应依照法律程序，将此事上报到市里，请求市里进行紧急救援，而本案中的县长马某为了帮助亲戚隐瞒此事，错过了最佳救援时间，导致12人死亡，造成了恶劣的影响，因此其行为构成了滥用职权罪。

法 条

《中华人民共和国刑法》

第三百九十七条第一款 国家机关工作人员滥用职权或者玩忽职守，致使公共财产、国家和人民利益遭受重大损失的，处三年以下有期徒刑或者拘役；情节特别严重的，处三年以上七年以下有期徒刑。本法另有规定的，依照规定。

3. 国家工作人员拥有巨额财产却说不清该财产来源的，能否构成巨额财产来源不明罪？

案 情

杨某是某农业农村局的一名副局长，主管该县的农业工作，已经在该农业农村局工作十多年了。最近一个月里，该县接到匿名举报，举报杨某贪污受贿。后该县监察委对杨某进行了立案侦查，调查杨某的财产状况。经过半个多月的调查，该县监察委办案人员发现杨某的名下有1亿元人民币，四套房产。办案人员认为，仅凭杨某的工资收入，不可能存有这么多钱，于是办案人员要求杨某说清钱财的来源情况，但杨某支支吾吾，无法说清钱款的来源，只是一直强调，该笔财产来源合法。后办案人员经过几番查证，也无法证明杨某存在贪污受贿行为，检察院便以巨额财产来源不明罪起诉杨某。那么，该县检察院以巨额财产来源不明罪起诉杨某的做法正确吗？

解 析

本案中，杨某的行为构成了巨额财产来源不明罪。根据《刑法》第三百九十五条第一款的规定，国家工作人员的财产或者支出明显超过合法收入，差额巨大，经司法机关责令其说明来源而本人不能说明来源是合法的，差额部分以非法所得论。在实践中，国家工作人员的受贿行为通常具有隐蔽性，有时侦查人员在证明其贪污受贿行为时，存在一定的举证困难，刑法为了规制此种行为，在犯罪嫌疑人存在此种行为时，便以巨额财产来源不明罪定罪处罚。当然，如果能够查明是贪污或受贿所得，则构成贪污罪或受贿罪，不再定此罪。本案杨某作为一名农业局副局长，其财产明显超过合法收入，又拒不说明收入来源，因此该县检察院以巨额财产来源不明罪对其起诉的做法是正确的。

法 条

《中华人民共和国刑法》

第三百九十五条第一款 国家工作人员的财产、支出明显超过合法收入，差额巨大的，可以责令该国家工作人员说明来源，不能说明来源的，差额部分以非法所得论，处五年以下有期徒刑或者拘役；差额特别巨大的，处五年以上十年以下有期徒刑。财产的差额部分予以追缴。

4. 局长儿子收受贿赂为行贿人谋取不当利益构成犯罪吗?

案 情

李某是某市公安局局长，他有一个儿子李某某，李某对其宠爱有加，由于家庭环境比较优越，李某某从小就骄傲自大，花钱大手大脚。自大学毕业后，李某某就一直游手好闲，无所事事。吴某是当地的小混混头目，在一次聚众斗殴中，不慎把一个人打成重伤。吴某害怕被公安机关立案侦查，便找到李某某并给其50万元钱，希望通过李某某劝说李某不要再对此事追究了。李某某痛快地收下了钱，并答应会按约定为吴某办事。李某某回家后跟父亲说，吴某是自己的初中同学，而且和自己关系特别好，让父亲就不要侦查此事了。李某听了儿子的话后，最终没有对此案立案侦查。在这种情况下，李某的儿子构成犯罪吗？

解析

近年来，查处的领导干部受贿犯罪中，领导干部“身边人”，如配偶、子女、情人等参与作案的现象比较普遍。另外，一些已离职的国家工作人员，利用其在职时的影响力，通过其他国家工作人员职务上的行为，为请托人谋取不正当利益，索取或收受请托人财物的现象也时有发生。根据《刑法》第三百八十八条的规定，国家工作人员的近亲属或者其他与该国家工作人员关系密切的人，通过该国家工作人员职务上的行为，或者利用该国家工作人员职权或者地位形成的便利条件，通过其他国家工作人员职务上的行为，为请托人谋取不正当利益，索取请托人财物或者收受请托人财物的，构成利用影响力受贿罪。由此可以看出，《刑法》将国家工作人员的近亲属及其他与该国家工作人员关系密切的人纳入受贿罪的犯罪主体范围。因此在本案中，吴某利用公安局局长的儿子，诱惑其接受贿赂，为吴某办事。李某的儿子作为李某的近亲属，接受此笔贿赂，答应了为吴某谋取利益的行为，依照上述法律的规定，构成了利用影响力受贿罪，依法应当追究其刑事责任。

法条

《中华人民共和国刑法》

第三百八十八条 国家工作人员利用本人职权或者地位形成的便利条件，通过其他国家工作人员职务上的行为，为请托人谋取不正当利益，索取请托人财物或者收受请托人财物的，以受贿论处。

第三百八十八条之一　国家工作人员的近亲属或者其他与该国家工作人员关系密切的人，通过该国家工作人员职务上的行为，或者利用该国家工作人员职权或者地位形成的便利条件，通过其他国家工作人员职务上的行为，为请托人谋取不正当利益，索取请托人财物或者收受请托人财物，数额较大或者有其他较重情节的，处三年以下有期徒刑或者拘役，并处罚金；数额巨大或者有其他严重情节的，处三年以上七年以下有期徒刑，并处罚金；数额特别巨大或者有其他特别严重情节的，处七年以上有期徒刑，并处罚金或者没收财产。

离职的国家工作人员或者其近亲属以及其他与其关系密切的人，利用该离职的国家工作人员原职权或者地位形成的便利条件实施前款行为的，依照前款的规定定罪处罚。

5.“剥夺政治权利”是指什么?

案　情

张某是某县政府的一名领导干部，主管本县的教育工作。2019 年，何某的儿子何小某中考失利，想托关系进入当地的县一中。但是，县一中每年的招生名额有限，而且是择优录取，按照中考分数进行排名。何某与张某是老朋友，于是托张某帮忙，并给了张某一些报酬。张某凭借自己领导干部的身份，找到了县一中校长，帮了何某的忙。事后，这件事情被检方立案起诉，张某也主动承认了犯罪事实，最终被法院判处有期徒刑一年零六个月。但是没有剥夺张某的政治权利。那么，我国刑法中的“剥夺政治权利”是指什么呢，具体而言都包括哪些权利？

解 析

剥夺政治权利是指依法剥夺犯罪分子一定期限内参加国家管理和政治活动的权利，这是一种刑罚方法。根据我国《刑法》第五十四条的规定，剥夺政治权利是剥夺下列权利：(1) 选举权和被选举权；(2) 言论、出版、集会、结社、游行、示威自由的权利；(3) 担任国家机关职务的权利；(4) 担任国有公司、企业、事业单位和人民团体领导职务的权利。剥夺政治权利是我国三种附加刑之一，除此以外还有罚金和没收财产。当然，我国的刑法还规定了五种主刑，即管制、拘役、有期徒刑、无期徒刑和死刑。这五种主刑和三种附加刑构成了我国刑罚的体系。附加刑可以与主刑附加使用，也可以单独使用。

法 条

《中华人民共和国刑法》

第五十四条 剥夺政治权利是剥夺下列权利：

(一) 选举权和被选举权；

(二) 言论、出版、集会、结社、游行、示威自由的权利；

(三) 担任国家机关职务的权利；

(四) 担任国有公司、企业、事业单位和人民团体领导职务的权利。

第五十五条 剥夺政治权利的期限，除本法第五十七条规定外，为一年以上五年以下。

判处管制附加剥夺政治权利的，剥夺政治权利的期限与管制的期限相等，同时执行。

第五十八条　附加剥夺政治权利的刑期，从徒刑、拘役执行完毕之日或者从假释之日起计算；剥夺政治权利的效力当然施用于主刑执行期间。

被剥夺政治权利的犯罪分子，在执行期间，应当遵守法律、行政法规和国务院公安部门有关监督管理的规定，服从监督；不得行使本法第五十四条规定的各项权利。

6. 紧急避险适用于职务上负有特定责任的人吗？

案　情

刘某是一名缉毒警察，几个月前，刘某所在的南宁市警方得到线索，掌握了一个贩毒团伙的动向。于是，警方进行了缜密的部署，决定将这个团伙一网打尽。在与这批贩毒团伙对峙的时候，犯罪分子持枪向警方进行扫射。刘某虽然从警多年，但是还从未遇到过如此激烈的场面，想想自己还这么年轻，不想因公殉职，命丧犯罪分子枪下。于是，刘某擅自离开了现场，而刘某的离开最终使得这次行动失败。后来，局里的领导对刘某的行为感到非常愤怒，并决定给予刘某处分。但是刘某称自己是在紧急避险，不然就很可能当场没命。那么，紧急避险适用于像刘某这样在职务上负有特定责任的人吗？

解　析

刘某所言自己是在紧急避险的说法是错误的，他作为职务上负有特殊义务的人员不适用紧急避险。根据我国《刑法》第二十一条的规定可知，为了使国家、公共利益、本人或者他人的人身、财产和其他权利免受正在发生的危险，公民可以采取紧急避险的行为，因此造成损害的，不负刑事责任。但是，紧急避险不能适用于职务上、业务上负有特定责任的人。本案中，刘某是一名缉毒警察，其工作性质就是会时不时地面临许多意想不到的危险，因此，刘某不能适用紧急避险来保护自己。缉毒是一个有利于社会、有利于人民的行动，刘某在紧急关头应该挺身而出，这是其作为一名警察应尽的义务。但是刘某并没有履行这一义务，而是害怕危险，临阵脱逃，应该受到处分。

法 条

《中华人民共和国刑法》

第二十一条 为了使国家、公共利益、本人或者他人的人身、财产和其他权利免受正在发生的危险，不得已采取的紧急避险行为，造成损害的，不负刑事责任。

紧急避险超过必要限度造成不应有的损害的，应当负刑事责任，但是应当减轻或者免除处罚。

第一款中关于避免本人危险的规定，不适用于职务上、业务上负有特定责任的人。

7. 自首可以减轻处罚吗？

案 情

马某是某地财政局的一名国家公务员。半年前，马某的表弟杨某称自己手里有一个赚钱的工程，但是资金流转不开，打算让马某筹些钱，一个月以后就还给马某，并承诺给马某5万元的好处费。马某一听，心里开始犯嘀咕，但是抵挡不住杨某的软磨硬泡，于是答应给杨某筹资50万元。之后，马某利用职务上的便利，擅自挪用了单位的资金50万元。事后，马某心中一直忐忑不安，于是，主动向检察机关投案自首，称自己挪用公款50万元，并对事情的来龙去脉做了详细的说明。那么，依照我国法律规定，马某的行为是自首吗？自首是否可以减轻处罚呢？

解　析

自首是指犯罪后自动投案，向公安、司法机关或其他有关机关如实供述自己的罪行的行为。我国《刑法》第六十七条规定，犯罪以后自动投案，如实供述自己的罪行的，是自首。对于自首的犯罪分子，可以从轻或者减轻处罚。其中，犯罪较轻的，可以免除处罚。司法实践中，犯罪嫌疑人在犯罪后正在投案途中而被公安机关抓获的或者在家人、亲友的劝说下去投案的，也应认定为自首。本案中，马某在挪用公款以后，良心不安，主动到检察机关交代了自己的罪行，应该认定为自首。在对马某量刑处罚时，应该根据自首的有关规定，对马某从轻、减轻或者免除处罚。

法　条

《中华人民共和国刑法》

第六十七条　犯罪以后自动投案，如实供述自己的罪行的，是自首。对于自首的犯罪分子，可以从轻或者减轻处罚。其中，犯罪较轻的，可以免除处罚。

被采取强制措施的犯罪嫌疑人、被告人和正在服刑的罪犯，如实供述司法机关还未掌握的本人其他罪行的，以自首论。

犯罪嫌疑人虽不具有前两款规定的自首情节，但是如实供述自己罪行的，可以从轻处罚；因其如实供述自己罪行，避免特别严重后果发生的，可以减轻处罚。

8. 挪用扶贫资金应该从重处罚吗?

案 情

魏某是A县主管扶贫项目的领导干部，几年前，A县按照国家和省里的要求，制定了本地的扶贫开发规划和工作计划，同时对项目管理和资金管理等问题也作出了具体的执行办法。之后，上级给A县拨了一笔扶贫资金，这笔扶贫资金到账以后，魏某并没有及时进行资金的分配和拨付，而是对其下属称这笔钱要等等再处理。2019年7月，魏某利用自己的职务之便，将这笔扶贫资金中的10万元挪出用作投资儿子的生意。并且一直到2019年11月才将这笔资金归还。后来，这件事被群众举报，群众坚称要对魏某从重处罚。那么，避开群众的呼声不谈，对于挪用扶贫资金是否真的应该从重处罚呢?

解 析

挪用扶贫资金的行为确实应该从重处罚。首先，扶贫资金属于公款，魏某将这笔公款挪出来用于投资自己儿子的生意，并且4个月以后才归还，这已经构成了挪用公款罪。我们知道，挪用公款罪的犯罪主体是国家工作人员，其犯罪方式有三种：第一，挪用公款归个人使用进行非法活动，对于这种方式，没有挪用时间和挪用金额的限制，即只要挪用公款进行非法活动就构成犯罪；第二，挪用公款数额较大进行营利活动的，对于这种方式的挪用没有时间限制，但有金额限制，必须达到数额较大，根据司法解释，数额较大通常指 1 万元至 3 万元；第三，挪用公款数额较大，超过 3 个月未还的，这种方式指挪用公款用于其他日常生活，不用于非法活动和营利活动，所以有数额限制和时间限制。本案的行为属于第二种情形，魏某将 10 万元资金用于营利活动，不管挪用多久，都应该成立挪用公款罪。除此以外，我国《刑法》第三百八十四条第二款还规定，挪用用于救灾、抢险、防汛、优抚、扶贫、移民、救济款物归个人使用的，从重处罚。所以，对于魏某的行为应该从重处罚。

法　条

《中华人民共和国刑法》

第三百八十四条　国家工作人员利用职务上的便利，挪用公款归个人使用，进行非法活动的，或者挪用公款数额较大、进行营利活动的，或者挪用公款数额较大、超过三个月未还的，是挪用公款罪，处五年以下有期徒刑或者拘役；情节严重的，处五年以上有期徒刑。挪用公款数额巨大不退还的，处十年以上有期徒刑或者无期徒刑。

挪用用于救灾、抢险、防汛、优抚、扶贫、移民、救济款物归个人使用的，从重处罚。

9. 卫生健康委严重不负责任，导致病毒大范围流行的，可能构成什么犯罪?

案 情

冬季正是传染病流行高发季节。2019 年 12 月，某县一个卫生所收治了几名疑似感染“甲型流感病毒”的病人，该诊所医生意识到必须及时全面严防严控，否则可能造成大范围流行感染，于是立即向上级部门报告。随后，多个医院也收治了类似病人，均马上上报给有关部门。高某时任该县卫生健康委主任，在接到相关报告后并没有足够的重视，没有及时对病情进行通报，也没有采取相应的防控防疫措施，最后，导致病毒大范围暴发，很多人感染了该病毒。那么，高某严重不负责任导致病毒大范围流行的，可能构成什么犯罪?

解 析

高某的行为构成传染病防治失职罪。根据我国《刑法》第四百零九条规定，从事传染病防治工作的政府卫生行政部门的人员严重不负责任，不履行职责，导致传染病传播或者流行情节严重的，构成传染病防治失职罪。一些传染病具有传播速度快、传染范围大的特点，如果不能得到及时有效的控制，很容易给人民生命财产安全造成严重威胁。作为传染病防治相关部门的工作人员，应当对本职工作履职尽责、勇于担当，不能搪塞敷衍、草率应付、弄虚作假。

在本案中，高某作为卫生行政部门的领导干部，没有对

“甲型流感病毒”的流行足够重视，没有及时采取有效的防控防疫措施，导致病毒大范围暴发，造成了严重后果。因此，高某的行为构成传染病防治失职罪。

法　条

《中华人民共和国刑法》

第四百零九条　从事传染病防治的政府卫生行政部门的工作人员严重不负责任，导致传染病传播或者流行，情节严重的，处三年以下有期徒刑或者拘役。

《最高人民法院、最高人民检察院关于办理妨害预防、控制突发传染病疫情等灾害的刑事案件具体应用法律若干问题的解释》

第十六条第二款　在国家对突发传染病疫情等灾害采取预防、控制措施后，具有下列情形之一的，属于刑法第四百零九条规定的“情节严重”：

（一）对发生突发传染病疫情等灾害的地区或者突发传染病病人、病原携带者、疑似突发传染病病人，未按照预防、控制突发传染病疫情等灾害工作规范的要求做好防疫、检疫、隔离、防护、救治等工作，或者采取的预防、控制措施不当，造成传染范围扩大或者疫情、灾情加重的；

（二）隐瞒、缓报、谎报或者授意、指使、强令他人隐瞒、缓报、谎报疫情、灾情，造成传染范围扩大或者疫情、灾情加重的；

（三）拒不执行突发传染病疫情等灾害应急处理指挥机构的决定、命令，造成传染范围扩大或者疫情、灾情加重的；

（四）具有其他严重情节的。

10. 派出所民警向组织赌博的犯罪分子通风报信，触犯了什么罪名？

案 情

刘某从警校毕业后，成为一名派出所民警，这份工作一干就是20多年。在任职期间，他结识了很多经营娱乐场所的“朋友”，靠着刘某的“帮助”，这些娱乐场所风生水起。一次，市公安部门打算在全市范围内开展一次大规模的打击赌博和开设赌场的专项行动，刘某在得到准确消息后，立即给“朋友”的某会所（实为地下赌场）老板张某打电话，告诉他暂停所有赌博类活动。后来，刘某通风报信的行为败露。那么，刘某的行为构成什么犯罪？

解 析

刘某的行为已经构成帮助犯罪分子逃避处罚罪。根据我国《刑法》第四百一十七条规定，有查禁犯罪活动职责的国家机关工作人员，向犯罪分子通风报信，提供便利，帮助犯罪分子逃避处罚，构成帮助犯罪分子逃避处罚罪。此罪的主体必须是国家机关工作人员，此罪侵犯了国家机关的正常司法活动，干扰了国家机关对犯罪活动的打击和处罚行为。需要注意的是，构成犯罪只要有通风报信等行为即可，行为结果如何并不影响定罪。

在本案中，刘某作为派出所民警，利用职务上的便利向组织赌博活动某会所老板通风报信，构成了帮助犯罪分子逃避处罚罪。

法　条

《中华人民共和国刑法》

第四百一十七条　有查禁犯罪活动职责的国家机关工作人员，向犯罪分子通风报信、提供便利，帮助犯罪分子逃避处罚的，处三年以下有期徒刑或者拘役；情节严重的，处三年以上十年以下有期徒刑。

11. 可以随意将禁止出口的文物送给外国友人吗?

案　情

韩某的祖辈是当地有名的富裕人家，家境显赫，祖祖辈辈流传下来许多的历史文物作传家宝。韩某继承了家族中的部分财产，其中有一件文物就是有名的唐代瓷器，而这件瓷器属于国家级的珍贵文物。韩某是一名生意人，为了与外国商人 Tom 谈成一笔生意，韩某想将自己手中的这件唐代瓷器赠送给他。Tom 非常喜欢中国文化，看到这件唐代瓷器更是爱不释手，于是 Tom 很高兴地收下了这件历史文物。但是，当地政府办公室主任郝某得知后，对韩某的行为进行了批评，称国家级的珍贵文物怎么能随便给外国人呢，这是违法的。那么，韩某这样做到底是不是违法呢?

解　析

郝主任所言是正确的，韩某的行为不仅违法，更是一种犯罪行为。我国法律虽然规定了每个人对于自己所有的财物享有充分的处分权，但是这种处分权要受到国家利益和公共利益的限制，也就是说，如果处分财物侵犯了国家或者公共的利益，那么就应该禁止。本案中，韩某手中的唐代瓷器是国家的珍贵文物，一般而言应该由国家保存，但由于该文物系韩某祖传，因此可以由自己收藏，但是绝不能出口或者流失到国外。对此，我国《刑法》第三百二十五条第一款规定，违反文物保护法规，将收藏的国家禁止出口的珍贵文物私自出售或者私自赠送给外国人的，处五年以下有期徒刑或者拘役，可以并处罚金。所以，韩某将文物赠与外国人的行为触犯了上述规定，是应该被禁止的。

法　条

《中华人民共和国刑法》

第三百二十五条　违反文物保护法规，将收藏的国家禁止出口的珍贵文物私自出售或者私自赠送给外国人的，处五年以下有期徒刑或者拘役，可以并处罚金。

单位犯前款罪的，对单位判处罚金，并对其直接负责的主管人员和其他直接责任人员，依照前款的规定处罚。

第八章

诉讼法律

诉讼法指的是规定诉讼程序的法律的总称，简单而言就是指打官司时所应遵循的行为规范。我们国家的诉讼法律体系大致包括民事诉讼法、刑事诉讼法和行政诉讼法，当然该法律部门还涉及一些其他的法律法规。表面看来，与领导干部关系最密切、最直接的是行政诉讼，但其实许多民事诉讼和刑事诉讼的内容与领导干部的工作也有很大联系。总之，诉讼法律知识的学习不仅对于领导干部们的生活有帮助，在工作方面也有非常现实的意义。

1. 威胁证人作证，会承担怎样的法律后果？

案　情

刘某是某纺织厂的厂长，为人善良、能干，厂里大部分人都非常信服他。一年前，杨某来到该纺织厂工作。杨某平时为人圆滑，工作时总喜欢偷懒耍滑，经常犯一些小错误，刘某作为厂长经常好心提醒杨某，但杨某却从不放在心上。某日，杨某再次犯错，并给厂里造成了影响。于是，刘某便批评了杨某几句，杨某恼羞成怒，对着刘某破口大骂，甚至叫来了一帮混混将刘某打伤。事后，刘某将杨某告上了法庭。杨某得知自己被告之后担心事情败露，便威胁当时在场的证人不准作证，否则“有他们好看”。请问，杨某的这种行为将承担什么法律责任？

解　析

在诉讼中，证人出庭作证是实现实体公正和程序公正的双重要求，有利于法庭依法查明事实真相，维护当事人的合法权益。在我国，证人在法庭上直接面对法官与双方当事人进行陈述，有时候，证人作证的内容甚至能够直接决定案件的走向。出于追究事实真相和司法公正的需要，我国法律将证人出庭作证作为证人的一项法定义务。证人出庭作证，应当将其知道的案情事实如实陈述，作伪证是需要承担法律责任的。而如果当事人或者其诉讼代理人威胁他人作伪证，法院将会根据情节的轻重予以一定的惩罚。

我国《民事诉讼法》第一百一十一条明确规定，诉讼参与人或者其他人有下列行为之一的，人民法院可以根据情节轻重予以罚款、拘留；构成犯罪的，依法追究刑事责任：“……（二）以暴力、威胁、贿买方法阻止证人作证或者指使、贿买、胁迫他人作伪证的……人民法院对有前款规定的行为之一的单位，可以对其主要负责人或者直接责任人员予以罚款、拘留；构成犯罪的，依法追究刑事责任。”根据此条规定，诉讼参与人或者其他人以暴力、威胁、贿买方法阻止证人作证或者指使、贿买、胁迫他人作伪证，妨碍人民法院审理案件，人民法院可以予以罚款、拘留的处罚；情节严重的，可以追究刑事责任。具体到本案中，杨某因害怕事情败露而威胁当时在场的证人不准作证，其行为违反了上述法律规定，应当受到相应的处罚。

法 条

《中华人民共和国民事诉讼法》

第一百一十一条 诉讼参与人或者其他人有下列行为之一的，人民法院可以根据情节轻重予以罚款、拘留；构成犯罪的，依法追究刑事责任：

……

（二）以暴力、威胁、贿买方法阻止证人作证或者指使、贿买、胁迫他人作伪证的；

……

人民法院对有前款规定的行为之一的单位，可以对其主要负责人或者直接责任人员予以罚款、拘留；构成犯罪的，依法追究刑事责任。

2. 因自然灾害导致上诉期被延误，上诉期可以顺延吗？

案　情

一天，黄某在公路上正走着，突然被迎面驶来的一辆汽车撞倒，司机师傅下车后发现黄某没事，便开车离去。第二天，黄某觉得身体不舒服，便到医院进行检查，检查完才知道是车祸留下了后遗症。黄某想方设法找到了撞倒自己的司机夏某，要求其支付赔偿金，但夏某却不同意。无奈之下，黄某只好向法院提起诉讼，请求法院判令夏某承担赔偿责任。法院经过审理，支持了黄某的诉讼请求，可判令的赔偿金额却没有达到黄某预期的要求，于是，黄某决定上诉。上诉之前，黄某突然接到女儿的电话称自己在成都生病，需要人照顾，黄某便急忙赶往成都看望女儿，结果正赶上了泥石流，不能及时回来，因此延误了上诉期。那么，在这种情况下，黄某的上诉期可以顺延吗？

解　析

上诉，是指当事人不服地方第一审人民法院作出的未生效裁判，在法定期间内，要求上一级人民法院对上诉请求的有关事实和法律适用，进行审理的诉讼行为。同很多民事诉讼程序一样，上诉也是有时效限制的，当事人必须要在法定的时间内提起上诉才有效。但是该规定也有例外情况，《民事诉讼法》第八十三条规定："当事人因不可抗拒的事由或者其他正当理由耽误期限的，在障碍消除后的十日内，可以申请顺延期限，是否准许，由人民法院决定。"也就是说，当事人因不可抗拒的事由或者有其他正当理由，耽误了上诉期间的，在障碍消除后十日内，可以申请顺延期间，法院视其为法定上诉期间。因此，本案中的黄某因遭遇泥石流延误了上诉期，这属于不可抗力造成的上诉期延误，按照法律规定，黄某可以在道路畅通后十日内提起上诉，法院会认定在法定上诉期内，接受黄某的上诉请求。

法 条

《中华人民共和国民事诉讼法》

第八十三条 当事人因不可抗拒的事由或者其他正当理由耽误期限的，在障碍消除后的十日内，可以申请顺延期限，是否准许，由人民法院决定。

第一百六十四条第一款 当事人不服地方人民法院第一审判决的，有权在判决书送达之日起十五日内向上一级人民法院提起上诉。

3. 原判决是否会因为当事人申请再审而停止执行？

案 情

2019 年年底，李某与白某在双方父母的催促下登记结了婚。可没想到婚姻生活还不到半年，两人之间就出现了第三者。白某忍受不了丈夫李某对自己的背叛，于是向其提出了离婚，李某同意，但两人又在财产分割问题上发生了纠纷，最终闹到法院。法院经过调查审理，最终判决白某胜诉。李某对此判决不服，提起了上诉，但二审依然维持了原判决。可李某依然不服，便又提起申请再审，当白某要求李某履行法院判决时，李某以自己已经申请再审而拒绝，声称原判决应当停止执行。请问，李某的说法正确吗？当事人申请再审以后，原判决真的应该停止执行吗？

解　析

李某的说法是错误的。我国《民事诉讼法》第一百九十九条规定："当事人对已经发生法律效力的判决、裁定，认为有错误的，可以向上一级人民法院申请再审；当事人一方人数众多或者当事人双方为公民的案件，也可以向原审人民法院申请再审。当事人申请再审的，不停止判决、裁定的执行。"由此可知，法律赋予当事人较为宽松的进入再审程序权利，只要当事人认为已生效的判决、裁定有错误，就有权申请再审。但是，我国法律虽然给予了当事人提起再审的权利，不过为了维护司法权威，保证法院生效判决的既判力，当事人发起再审程序以后，原判决、裁定并不会停止执行。本案中，李某不服一审判决，经上诉以后对于二审判决仍然不满意，最终提起了再审。但此时，二审判决已经生效。同时，根据法律规定，当事人提出再审并不代表原判决就会停止。也就是说，李某仍然应当先履行法院生效判决中确定的义务。

法　条

《中华人民共和国民事诉讼法》

第一百九十九条　当事人对已经发生法律效力的判决、裁定，认为有错误的，可以向上一级人民法院申请再审；当事人一方人数众多或者当事人双方为公民的案件，也可以向原审人民法院申请再审。当事人申请再审的，不停止判决、裁定的执行。

4. 当事人故意毁损法院查封的财产，要承担什么责任？

案 情

2019 年 8 月，某县人民法院根据当事人李某申请依法对冯某的一套房产进行了诉前财产保全，并裁定予以查封。同年 9 月，该法院判令冯某限期归还李某借款 10 万元，但自从判决生效后，冯某却拒不履行义务，反而离开老家长期在外出逃。2020 年 3 月，被告人冯某未经法院允许，擅自进入了被查封的房子里，并且搬走了房中的物品，同时还损毁了房屋的一些设施，造成房屋损失将近 3 万元。那么，被告人冯某的这种行为将会受到怎样的处罚？

解 析

查封的目的在于促使被执行人履行生效的法律文书所确定的义务，以实现申请人的权利。依据我国《民事诉讼法》第一百一十一条的明确规定，诉讼参与人或者其他人有下列行为之一的，人民法院可以根据情节轻重予以罚款、拘留；构成犯罪的，依法追究刑事责任："……（三）隐藏、转移、变卖、毁损已被查封、扣押的财产，或者已被清点并责令其保管的财产，转移已被冻结的财产的……人民法院对有前款规定的行为之一的单位，可以对其主要负责人或者直接责任人员予以罚款、拘留；构成犯罪的，依法追究刑事责任。"其中，已被司法机关查封、扣押、冻结的财产，是指司法机关依照法律规定的条件和程序，履行法律规定的手续而查封、扣押、冻结的财产。本案中，被告冯某明知该房屋已被法院查封，却擅自闯入，还故意予以毁损，对此，人民法院可以视情节对冯某处以罚款、拘留的处罚，情节严重构成非法处置被查封财产罪的，还要依法追究其刑事责任。

法　条

《中华人民共和国民事诉讼法》

第一百一十一条　诉讼参与人或者其他人有下列行为之一的，人民法院可以根据情节轻重予以罚款、拘留；构成犯罪的，依法追究刑事责任：

……

（三）隐藏、转移、变卖、毁损已被查封、扣押的财产，或者已被清点并责令其保管的财产，转移已被冻结的财产的；

……

人民法院对有前款规定的行为之一的单位，可以对其主要负责人或者直接责任人员予以罚款、拘留；构成犯罪的，依法追究刑事责任。

5. 在微博上发现自己的名誉权受到侵犯，应如何保留证据？

案　情

吕某是一个作家，经常发表一些视角独特的文章。近日，他发现刘某在微博上对自己的文章提出异议，并发表侮辱性的言论。刘某的粉丝有数十万人，该微博被粉丝们转发并评价，对吕某的生活产生了极其恶劣的影响。吕某认为：其一，自己发表文章的行为是在行使宪法赋予自己的言论自由权，刘某无权干涉；其二，刘某发表侮辱自己的言论且经多人转发，严重地侵害了自己的名誉权。于是，吕某打算向法院提起诉讼，要求刘某承担侵犯自己名誉权的责任。但是，吕某担心微博上的证据被删除，不知道如何对证据进行固定。网页上的证据极容易灭失，吕某应当如何保留证据呢？

解　析

吕某可以向公证处进行易失证据的公证。伴随着互联网的深入发展，在互联网上侵权的现象也逐渐增多，通过互联网进行公证取证也是实践中的惯例和必要维权证据。《公证法》第十一条第一款第九项规定，根据自然人、法人或者其他组织的申请，公证机构可以办理保全证据公证书。

由于互联网信息的多变性及易删除、易修改性，涉及他人通过网络信息侵犯权利人合法权益时，权利人为维护自己的合法权益，可以采取请公证人员公证的方式，作为提起诉讼前的证据，再向人民法院提起诉讼维权。

法　条

《中华人民共和国公证法》

第十一条　根据自然人、法人或者其他组织的申请，公证机构办理下列公证事项：

（一）合同；

（二）继承；

（三）委托、声明、赠与、遗嘱；

（四）财产分割；

（五）招标投标、拍卖；

（六）婚姻状况、亲属关系、收养关系；

（七）出生、生存、死亡、身份、经历、学历、学位、职务、职称、有无违法犯罪记录；

（八）公司章程；

（九）保全证据；

（十）文书上的签名、印鉴、日期，文书的副本、影印本与原本相符；

（十一）自然人、法人或者其他组织自愿申请办理的其他公证事项。

法律、行政法规规定应当公证的事项，有关自然人、法人或者其他组织应当向公证机构申请办理公证。

6. 刑事诉讼中，辩护律师对与委托人有关的情况和信息有权予以保密吗？

案 情

洪某因涉嫌抢劫罪被刑事拘留。洪某的家人找了一位律师为其辩护，律师向洪某询问了相关的犯罪经过。在取得了洪某的信任后，于第三次谈话时，洪某向律师讲述了五年前自己曾经跟人打架，将对方打伤，因躲到外地才没有受到处罚。洪某对律师陈述完此事后，心里很后悔，担心律师将此事告诉法庭，法庭可能对自己从重处罚。律师察觉出了洪某的担心，告诉洪某自己不会将此事告诉他人。那么，律师是一位法律工作者，刑辩律师知悉的与委托人有关的情况和信息，是否有权予以保密？

解 析

刑事诉讼中，刑辩律师有权对知悉的委托人的情况和信息予以保密。对此，我国《刑事诉讼法》第四十八条作了明确说明，该条法律规定："辩护律师对在执业活动中知悉的委托人的有关情况和信息，有权予以保密。但是，辩护律师在执业活动中知悉委托人或者其他人，准备或者正在实施危害国家安全、公共安全以及严重危害他人人身安全的犯罪的，应当及时告知司法机关。"也就是说，一般情况下，律师有权对委托人的情况、信息予以保密。但是，对委托人准备实施或正在实施的危害国家安全、公共安全及严重危害他人人身安全的犯罪除外，因为上述禁止行为一旦发生将对国家、社会、公民的利益产生重大损害，因此律师应当及时向司法机关进行告知，以避免损害情形的发生。本案的洪某向律师陈述了自己五年前曾存在违反治安管理的行为，因该事实系已经发生的，且对他人人身安全的危害没有达到严重的程度，因此律师有权对此事保密，拒绝向司法机关进行告知。

法 条

《中华人民共和国刑事诉讼法》

第四十八条 辩护律师对在执业活动中知悉的委托人的有关情况和信息，有权予以保密。但是，辩护律师在执业活动中知悉委托人或者其他人，准备或者正在实施危害国家安全、公共安全以及严重危害他人人身安全的犯罪的，应当及时告知司法机关。

7. 刑事诉讼中，被告人有权自行辩护吗?

案　情

梁某大学期间学的是法律专业，毕业后，他并没有从事与法律相关的工作，而是到了一家公司担任文职工作。梁某的上司杨某性格比较偏激，因为梁某上班经常迟到，所以对梁某很不满意。年底公司发奖金时，杨某扣除了梁某的奖金，他认为梁某经常迟到没有资格拿奖金。梁某得知此事后找到杨某协商此事，后因言语不合，梁某将杨某打伤。杨某报案，最后，梁某被检察机关以故意伤害罪起诉。庭审时，法官讯问梁某为何没有请律师为其辩护，梁某回复称自己熟悉法律，愿意行使自行辩护权。刑事诉讼中，梁某享有自行辩护权吗?

解　析

刑事犯罪案件中的被告人可以自行辩护。《刑事诉讼法》第三十三条第一款规定："犯罪嫌疑人、被告人除自己行使辩护权以外，还可以委托一至二人作为辩护人。下列的人可以被委托为辩护人：（一）律师；（二）人民团体或者犯罪嫌疑人、被告人所在单位推荐的人；（三）犯罪嫌疑人、被告人的监护人、亲友。"也就是说，被告人可以自己行使辩护权，也可以委托他人为自己辩护。为了贯彻有效辩护原则，充分保障被告人的权利，法律既赋予了被告人自行辩护的权利，同时也赋予其委托他人辩护的权利。本案中，梁某自认为熟悉法律知识，欲自己行使辩护权，所以没有请律师为其辩护，符合法律的规定。

法 条

《中华人民共和国刑事诉讼法》

第三十三条第一款 犯罪嫌疑人、被告人除自己行使辩护权以外，还可以委托一至二人作为辩护人。下列的人可以被委托为辩护人：

（一）律师；

（二）人民团体或者犯罪嫌疑人、被告人所在单位推荐的人；

（三）犯罪嫌疑人、被告人的监护人、亲友。

8. 上诉不加刑原则的含义是什么？

案 情

2019 年春节期间，卢某邀请五位好友来家里喝酒。喝酒期间，高某向卢某提起应当尽快偿还 500 元借款的事情。高某的行为引起卢某的不满，因为卢某事先曾偿还了一部分借款，当时高某承诺剩下的 500 元就不需偿还了。现在高某又让自己偿还剩下的 500 元，卢某认为高某出尔反尔。卢某借着酒劲儿，用自家菜刀将高某砍伤。一审法院审理此案后，认定卢某构成故意伤害罪。卢某认为一审法院的判决过重，想要求他的律师提起上诉，但是担心自己在二审中被认定为故意杀人罪而被判处更重的刑罚。律师告诉他如果检察院不抗诉，二审法院不会加重其刑罚，律师的解答正确吗？

解　析

律师的解答正确，该案件涉及上诉不加刑原则。上诉不加刑，简而言之，被告人上诉后受到的刑罚不会比原审更重，但是该原则不适用于检察院抗诉或自诉人上诉的情形。关于上诉不加刑原则，我国《刑事诉讼法》第二百三十七条有明确规定，“第二审人民法院审理被告人或者他的法定代理人、辩护人、近亲属上诉的案件，不得加重被告人的刑罚。第二审人民法院发回原审人民法院重新审判的案件，除有新的犯罪事实，人民检察院补充起诉的以外，原审人民法院也不得加重被告人的刑罚。人民检察院提出抗诉或者自诉人提出上诉的，不受前款规定的限制。”也就是说：第一，仅有被告人一方提起上诉的二审案件，二审法院不得加重被告人的刑罚。第二，仅有检察院一方抗诉（或自诉人上诉）的二审案件，不受上诉不加刑原则的限制，二审法院可以加重对被告人的刑罚。第三，如果被告人一方上诉的同时检察院也提起抗诉（或自诉人也提起上诉），二审法院也可以加重其刑罚。第四，二审法院判令将案件发回原审法院重审的，除非有新的犯罪事实或检察院补充起诉的，原审法院进行审理时也不能加重被告人的刑罚。可见，只要存在检察院抗诉或自诉人上诉的情形，无论被告人上诉与否，该原则均不予适用。本案的卢某欲提起上诉，如果检察院不抗诉，则不会受到更重的刑罚。

法　条

《中华人民共和国刑事诉讼法》

第二百三十七条　第二审人民法院审理被告人或者他的法

定代理人、辩护人、近亲属上诉的案件，不得加重被告人的刑罚。第二审人民法院发回原审人民法院重新审判的案件，除有新的犯罪事实，人民检察院补充起诉的以外，原审人民法院也不得加重被告人的刑罚。

人民检察院提出抗诉或者自诉人提出上诉的，不受前款规定的限制。

9. 被诉行政机关的负责人在行政诉讼中因事不能出庭的，应该如何处理？

案　情

王某很早就辍学了，辍学后他一直处于“混社会”的状态，经常与人打架斗殴。2020 年 3 月，王某与人在街头打架，被巡逻民警当场抓住，因违反社会治安管理，被处以相应的罚款和行政拘留。王某不服，认为是对方先动的手，自己的行为是正当防卫，行政机关对自己的处罚过重。于是，王某向法院提起行政诉讼，要求公安机关撤销行政处罚决定。不料，在开庭前一天，被告负责人高某突发心脏病，被紧急送往医院治疗，因此不能出庭参加第二天的诉讼。那么，在行政诉讼中，被诉行政机关的负责人因故不能出庭的，应当如何处理？

解　析

被诉行政机关负责人因故不能出庭参加诉讼的，应当委托相应的工作人员出庭。依据《行政诉讼法》第三条的规定，在行政诉讼中，被诉行政机关的负责人应当出庭应诉，不能出庭的则应当委托行政机关相应的工作人员出庭。为了促使行政机关工作人员依法行政，我国实行被诉行政机关负责人出庭应诉的制度，此举将大大减少行政机关工作人员在作出行政行为时的随意性。此外，行政机关负责人出庭应诉，也有利于纠纷的快速解决，推动法治政府建设。本案中，行政机关负责人高某因突发心脏病入院治疗，不能参加本次诉讼，应当依照法律规定委托相应的工作人员出庭应诉。

法　条

《中华人民共和国行政诉讼法》

第三条　人民法院应当保障公民、法人和其他组织的起诉权利，对应当受理的行政案件依法受理。

行政机关及其工作人员不得干预、阻碍人民法院受理行政案件。

被诉行政机关负责人应当出庭应诉。不能出庭的，应当委托行政机关相应的工作人员出庭。

10. 行政诉讼中，证明原告起诉超期的举证责任由谁承担？

案　情

宋某是某商店的老板，售卖各种食品和烟酒。2020 年春节前，市场监督管理局工作人员对宋某的商店进行例行检查。工作人员认为宋某售卖的食品存在假冒伪劣的情况，于是作出吊销其营业执照的决定。宋某不服，向该机关的上级行政机关提起行政复议，复议维持了原机关的决定。事后，宋某以市场监督管理局为被告向法院提起行政诉讼。庭审过程中，被告机关提出宋某的起诉已经超过法定期限，法院应当驳回其诉讼请求。请问：此情形下，应当由宋某证明自己未超过法定起诉期限，还是应当由行政机关举证证明宋某的起诉已超过法定起诉期限？

解 析

行政诉讼中，证明原告起诉超期的举证责任由被告行政机关一方承担。根据我国《最高人民法院关于行政诉讼证据若干问题的规定》第四条第三款的规定，“被告认为原告起诉超过法定期限的，由被告承担举证责任”。可见，法律明确地将证明原告起诉超过法定期限的责任归属到被告一方。因为行政诉讼中，原告一方为普通公民，举证能力较差；被告一方为作出具体行政行为的行政机关，不论是对法律的精通程度还是举证能力方面都比原告方更具有优势，因此由被告承担举证责任更为公平，也更便于法院查明案件事实，从而作出公正判决。本案的被告行政机关认为原告宋某的起诉已经超过法定期限，应当依法承担举证责任。当被告提供的证据不能达到证明目的时，法院应当对该主张不予认可。

法 条

《最高人民法院关于行政诉讼证据若干问题的规定》

第四条第三款 被告认为原告起诉超过法定期限的，由被告承担举证责任。

11. 行政诉讼中，原告举出的证据不成立，被告需要继续证明其行为合法吗?

案　情

孙某是一个热血青年。一次，孙某与张某发生口角，因张某先打了孙某一拳，孙某进行了反击，于是，二人就扭打了起来。后公安机关对二人进行讯问时发现，张某是某政府官员的儿子，于是对张某很和善，并且在作了简单的笔录之后就释放了张某。相反，公安机关却逼迫孙某作出违反事实且不利于自己的陈述，最后，对孙某作出行政拘留的处罚。孙某认为公安机关不顾司法公正，歪曲事实作出处罚的行为严重侵害了自己的权益，因此提起行政诉讼。在庭审时，经质证，原告孙某举出的证据不成立。被告方公安机关认为，既然原告不能证明被告方作出的行政行为违法，那么，自己便是合法的。此时，被告方需要继续举证证明自己的行为合法吗?

解　析

行政诉讼中，原告举出的证据不能成立时，被告仍然需要继续举证证明行政行为合法。对此，我国《最高人民法院关于行政诉讼证据若干问题的规定》第六条有明确规定，“原告可以提供证明被诉具体行政行为违法的证据。原告提供的证据不成立的，不免除被告对被诉具体行政行为合法性的举证责任”。可见，原告可以提供也可以不提供证据证明被诉具体行政行为的违法性，证明被诉具体行政行为合法性的责任在法律上明确归于被告方。因此，不管原告提供的证据成立与否，被告都需要对具体行政行为的合法性进行举证。因为被告方是具体行政行为的作出者，必定是基于一定的证据才能作出合法的行政行为。如果没有充分证据，行政机关无权作出相应的行政行为，即使作出了，也应当被撤销。本案中，虽然孙某提供的证明被诉具体行政行为违法的证据不能成立，但并不意味着被诉具体行政行为合法，也不会免除被告对行为合法的证明责任，所以被告仍需对行为合法进行证明。

法 条

《最高人民法院关于行政诉讼证据若干问题的规定》

第六条 原告可以提供证明被诉具体行政行为违法的证据。原告提供的证据不成立的，不免除被告对被诉具体行政行为合法性的举证责任。

12. 行政诉讼中，被告无故缺席需作缺席判决的，被告提供的证据可以作为定案依据吗？

案 情

2019年年初，某企业引入新的污水处理设备，以达到环境部门最新规定的排污标准。2020年春节期间，政府相关部门对郑某的企业加倍征收排污费，并下达了相关通知。郑某收到通知后不服，认为本企业已经引入最新的污水处理技术，且完全符合环境部门最新通知的排污标准，政府无权对其加倍征收排污费，该政府部门的行政行为违法。于是，该企业向法院提起行政诉讼。举证期限内，该部门向法院提交了相关证据，但是该政府部门却无故未出庭应诉。行政诉讼中，被告无故缺席而需要依法缺席判决的，其提供的证据可以作为法院定案根据吗？

解　析

行政诉讼中，被告无故缺席的，一般情况下，其提供的证据不能作为定案依据。对此，我国《最高人民法院关于行政诉讼证据若干问题的规定》第三十六条也有明确规定："经合法传唤，因被告无正当理由拒不到庭而需要依法缺席判决的，被告提供的证据不能作为定案的依据，但当事人在庭前交换证据中没有争议的证据除外。"也就是说，一般情况下，被告无正当理由拒不参加庭审，进行举证并接受质证的，因其证据的"三性"不明确而不能作为定案根据。但是，原被告双方在庭前证据交换程序中没有争议的证据，即对证据"三性"均予以认可，此种证据可以作为定案根据。证据的"三性"即合法性（证据是依照法定程序提供或收集的）、客观性（不依赖于主观意识而存在）和关联性（与待证事实存在逻辑联系），只有具备三种性质的证据才能作为法院定案的依据。假如依据"三性"不明确的证据作出审判，则极有可能会导致误判。本案的政府部门提供了行政行为合法的证据，但并未出庭接受证据的质证，是不能作为证据使用的。如果在庭前交换证据时，原被告双方对该证据没有争议，则可以作为定案根据。

法　条

《最高人民法院关于行政诉讼证据若干问题的规定》

第三十六条　经合法传唤，因被告无正当理由拒不到庭而需要依法缺席判决的，被告提供的证据不能作为定案的依据，但当事人在庭前交换证据中没有争议的证据除外。

13. 行政诉讼中，复议机关在复议程序中新收集到的证据能否证明原行政行为合法？

案 情

赵某和张某是一对夫妻，后来，公司派赵某到外地进行工作，二人的感情越来越淡。赵某在新的城市认识了李某，二人一见钟情。去年，赵某和李某到该地民政局办理结婚登记手续，民政局由于工作疏忽，为赵某和李某办理了结婚登记。事后，赵某告知张某其已与李某办理了结婚登记手续，要求与其离婚。张某不服，向民政局的上级机关提起复议，要求撤销下级机关的行政行为。复议机关向赵某询问相关情况时，赵某向复议机关出具了一份离婚协议书。因复议机关不知道这份协议书是赵某在复议期间自己制作的，于是作出维持原行政行为的决定。之后，张某起诉至法院。复议机关新收集的证据，能证明原行政行为合法吗？

解 析

复议机关在复议程序中收集和补充的证据，不能用来证明原行政行为的合法性。我国《最高人民法院关于行政诉讼证据若干问题的规定》第六十一条明确规定："复议机关在复议程序中收集和补充的证据，或者作出原具体行政行为的行政机关在复议程序中未向复议机关提交的证据，不能作为人民法院认定原具体行政行为合法的依据。”也就是说，行政行为的作出必须有相应的证据作为支撑，“无证据则无行为”，在行政复议程序中才收集到的证据，不能用来证明既已作出的原行政行为合法。本规定是为了规范行政机关的行为，如果允许其滥用权力，在没有证据的情况下随意地对行政相对人作出具体行政行为，将会对行政相对人的权利造成极大的损害。本案中，行政复议机关在复议过程中收集了新的证据，依据新的证据维持了原行政行为。因该证据在原行政行为作出前并不存在，所以，新证据并不能证明原行政行为合法。故在本案的行政诉讼中，该证据不能被人民法院采纳。

法 条

《最高人民法院关于行政诉讼证据若干问题的规定》

第六十一条 复议机关在复议程序中收集和补充的证据，或者作出原具体行政行为的行政机关在复议程序中未向复议机关提交的证据，不能作为人民法院认定原具体行政行为合法的依据。

14. 法院判令行政机关重作行政行为的，行政机关可否就同一理由再次作出相同的处罚？

案 情

周某因赶赴一个饭局，开车时超速。被交警发现后，因其违反道路交通规章制度被处以1000元罚款，周某认为处罚过重，于是向法院提起行政起诉，请求法院判令被告撤销或重作原行政处罚。经过法庭的审理，法院判决被告重新作出行政处罚。不久后，行政机关就同一事实与理由对周某重新作出处罚1000元的决定。周某更加不服，认为行政机关不顾法律判决，再次作出同一行政行为的做法严重违反了法律规定。那么，行政机关第二次作出的行政行为合法吗？行政机关可否就同一事实和理由对行政相对人作出与原行政行为相同的行为？

解　析

行政机关第二次作出的行政行为违法，因为该行为属于就同一事实和理由对行政相对人作出相同行政处罚的情形。我国《行政诉讼法》第七十一条规定："人民法院判决被告重新作出行政行为的，被告不得以同一的事实和理由作出与原行政行为基本相同的行政行为。"可见，当法院判决行政机关重新作出行政行为的情况下，行政机关必须作出与原行政行为明显区分的行政行为。在司法最终原则下，司法裁判对法律纠纷具有既判力，可以使纠纷得到最终的解决。行政机关应当尊重司法判决的效力，按照判决内容改变原行政行为。本案中，法院判令行政机关重新对周某作出行政处罚，行政机关新作出的1000元的处罚与原处罚相同，因此，行政机关第二次作出的行政行为违法。

法　条

《中华人民共和国行政诉讼法》

第七十一条　人民法院判决被告重新作出行政行为的，被告不得以同一的事实和理由作出与原行政行为基本相同的行政行为。

第九章

社会保障与救助法律

社会保障是当代社会不可缺少的福利机制，也是促进社会安全稳定发展的重要制度。社会救助是国家和其他社会主体对于满足一定条件的公民给予的精神和物质帮助。我们国家的社会保障和社会救助体现了浓厚的人道主义思想，是对于每个公民生存权的充分维护。领导干部作为制度的制定者和执行者，应该重视对社会保障与救助法律知识的学习。这样不仅有助于做好上级安排的工作，也能更专业地为群众解决相关问题。

1. 退休时，养老保险累计缴纳不足十五年，可以享受养老保险待遇吗？

案　情

老郑是某县商务局的副局长，后来因为工作需要被县委派往外地负责招商引资的相关工作。在外工作十年后，老郑才回到原单位工作。一次偶然的机会，老郑发现自己被派往外地期间养老保险被暂停缴纳。原来，老郑在外工作期间，商务局换了领导，新的领导成员对老郑的情况不太了解，单位就没有为其缴纳养老保险。老郑今年58岁了，还有两年就退休了，而他的养老保险才缴纳了十年，就是坚持不间断缴纳到退休年龄也就是60岁，也才12年，距离规定的最低年限15年还差3年。老郑十分担心自己退休后不能享受养老保险待遇。请问，退休时养老保险缴纳未满15年，是否可以享受养老保险待遇？

解　析

劳动者达到国家法定退休年龄后，根据法律法规规定，劳动者与用人单位之间的劳动关系就不存在了，单位也就不再为其缴纳养老保险费。退休养老保险缴纳未满15年，应该怎么办呢？我国《社会保险法》第十六条明确规定，参加基本养老保险的个人，达到法定退休年龄时累计缴费不足15年的，可以缴费至满15年，按月领取基本养老金；也可以转入新型农村社会养老保险或者城镇居民社会养老保险，按照国务院规定享受相应的养老保险待遇。由此可知，15年是养老保险金的最低缴纳年限，只有缴满15年才可以享受基本养老保险，但并不代表缴满15年就可以不缴费。本案中，老郑在达到法定退休年龄后，其养老保险缴费不足15年，如果其想享受基本养老保险待遇，可以缴费至15年，一次性补缴或者继续缴费均可。所以老郑在退休后还可以继续缴纳养老保险费，只要缴费满15年，就可以按月领取基本养老金。

法 条

《中华人民共和国社会保险法》

第十六条 参加基本养老保险的个人，达到法定退休年龄时累计缴费满十五年的，按月领取基本养老金。

参加基本养老保险的个人，达到法定退休年龄时累计缴费不足十五年的，可以缴费至满十五年，按月领取基本养老金；也可以转入新型农村社会养老保险或者城镇居民社会养老保险，按照国务院规定享受相应的养老保险待遇。

2. 所有的药品都可以用基本医疗保险支付吗?

案 情

郭某高中毕业后，没有和同学们一起上大学，而是投笔从戎。郭某在当兵期间通过自己的努力考上了军校，毕业后被分配到某县消防大队担任副队长一职。某日，该县第一小学报警，称学校发生火灾，郭某遂参加了这次救援。在救援中，郭某为了救一个陷在火海中的小学生，四肢、面部都被烧伤。经过治疗，郭某的身体很快康复，但是他的脸上留下了一道疤痕。医生称，如果郭某想恢复原来的面目，需要做整形手术。但是做整形手术需要使用纤维蛋白黏合剂，属于血液制品。郭某想知道血液制品可不可以用基本医疗保险支付？

解　析

本案中血液制品不属于基本医疗保险范围，不可以用基本医疗保险支付。基本医疗保险是一项社会保障制度，是为了补偿劳动者因疾病风险造成的经济损失而建立的。该制度旨在避免或减轻劳动者因患病、治疗等所带来的经济风险，即参保人员在因患病产生医疗费用后，医疗保险经办单位会给予一定的经济补偿。这就意味着基本医疗保险药品必须保证是临床治疗必需的，所以不是所有的药品都可以纳入基本医疗保险用药范围的。我国《城镇职工基本医疗保险用药范围管理暂行办法》第四条明确规定了不能纳入基本医疗保险用药范围的药品，其中包括主要起营养滋补作用的药品、部分可以入药的动物及动物脏器、干（水）果类、用中药材和中药饮片泡制的各类酒制剂、各类药品中的果味制剂、口服泡腾剂、血液制品、蛋白类制品（特殊适应症与急救、抢救除外）以及劳动保障部规定基本医疗保险基金不予支付的其他药品。本案中，郭某整形需要的纤维蛋白黏合剂属于血液制品，属于不能纳入基本医疗保险用药范围的药品，因此，不能用基本医疗保险的方式支付，而应当以其他方式支付。

法　条

《城镇职工基本医疗保险用药范围管理暂行办法》

第四条　以下药品不能纳入基本医疗保险用药范围：

（一）主要起营养滋补作用的药品；

（二）部分可以入药的动物及动物脏器，干（水）果类；

（三）用中药材和中药饮片泡制的各类酒制剂；

（四）各类药品中的果味制剂、口服泡制剂；

（五）血液制品、蛋白类制品（特殊适应症与急救、抢救除外）；

（六）劳动保障部规定基本医疗保险基金不予支付的其他药品。

3. 在退休后，住房公积金可以取出来吗？

案　情

柳某是A县司法局的局长，他退休后和老伴儿一直住在A县。柳某在市里工作的女儿小柳生了孩子，邀请柳某夫妻到市里居住顺便帮忙照顾孩子，柳某夫妇就搬了过去。柳某在女儿家住了两个月，觉得女儿现在居住的70平方米的房子太小了，住在一起太挤了，遂建议女儿把现在住的房子卖了换套大一点的房子。小柳称自己也很想换一套大的，但是自己和老公参加工作没几年，手中没有那么多的积蓄。柳某和老伴儿商量后，想到把自己的住房公积金提出来给女儿买房子用。请问，柳某可以这样办吗？在退休后，住房公积金可以取出来吗？

解　析

职工缴存的住房公积金和职工所在单位为职工缴存的住房

公积金，属于职工个人所有。因此，职工在具备法律规定的条件下可以全额提取本人住房公积金的账户余额。这在我国《住房公积金管理条例》第二十四条中有明确规定，职工有下列情形之一的，可以提取职工住房公积金账户内的存储余额："（一）购买、建造、翻建、大修自住住房的；（二）离休、退休的；（三）完全丧失劳动能力，并与单位终止劳动关系的；（四）出境定居的；（五）偿还购房贷款本息的；（六）房租超出家庭工资收入的规定比例的。依照前款第（二）、（三）、（四）项规定，提取职工住房公积金的，应当同时注销职工住房公积金账户。"由此法条可知，职工离休、退休的可以提取职工住房公积金账户内的存储余额，而据此提取职工住房公积金的，住房公积金账户也同时被注销。本案中，柳某已经退休，他作为已缴纳住房公积金的职工，可以将住房公积金取出来。钱取出来后，至于他怎么支配，是给女儿买房还是自己留下，就看他们自己的意愿了。

法 条

《住房公积金管理条例》

第二十四条 职工有下列情形之一的，可以提取职工住房公积金账户内的存储余额：

（一）购买、建造、翻建、大修自住住房的；

（二）离休、退休的；

（三）完全丧失劳动能力，并与单位终止劳动关系的；

（四）出境定居的；

（五）偿还购房贷款本息的；

（六）房租超出家庭工资收入的规定比例的。

依照前款第（二）、（三）、（四）项规定，提取职工住房公积金的，应当同时注销职工住房公积金账户。

……

4. 允许设立自然灾害救助物资储备库的地区应该符合哪些条件？

案 情

潘某出生在南方的一个小山村，该地每年都会发生洪水、泥石流等灾害。潘某大学毕业后回到家乡，考取了当地县政府的公务员。因为该县自然灾害多发，所以主管自然灾害救助工作的副县长曾某对于防灾减灾工作十分重视，潘某被分配到他手下工作，副县长曾某要求潘某赶快学习防灾减灾知识，以便向其他单位普及宣传。很快，潘某就被派往一所中学给学生们宣传、讲解防灾减灾知识，其间有学生提问："什么样的地区可以设立自然灾害救助物资储备库以备不时之需？"潘某就此给予了详细解释。那么，什么样的地区应该设立自然灾害救助物资储备库呢？

解 析

在我国，国家对于自然灾害的救助工作非常重视，国家财政预算中也包括自然灾害救助资金和自然灾害救助工作经费。在自然灾害发生后，强大的物质力量能充分支撑救助物资的紧急供应，有助于社会稳定。根据《自然灾害救助条例》第十条第一款的规定，自然灾害救助物资储备制度，由国务院应急管理部门分别会同国务院财政部门、发展改革部门、工业和信息化部门、粮食和物资储备部门制定全国自然灾害救助物资储备规划和储备库规划，并组织实施。同时我国《社会救助暂行办法》第二十一条和《自然灾害救助条例》第十条第二款对于设立自然灾害救助物资储备库都有规定，即为保障自然灾害发生后救助物资的紧急供应，设区的市级以上人民政府和自然灾害多发、易发地区的县级人民政府，应当根据自然灾害特点、居民人口数量和分布等情况，设立自然灾害救助物资储备库。而自然灾害救助物资储备库应当按照布局合理、规模适度的原则设立。由此可知，设区的市级以上人民政府和自然灾害多发、易发地区的县级人民政府依法应该设立自然灾害救助物资储备库。

法　条

《社会救助暂行办法》

第二十一条　设区的市级以上人民政府和自然灾害多发、易发地区的县级人民政府应当根据自然灾害特点、居民人口数量和分布等情况，设立自然灾害救助物资储备库，保障自然灾害发生后救助物资的紧急供应。

《自然灾害救助条例》

第十条　国家建立自然灾害救助物资储备制度，由国务院应急管理部门分别会同国务院财政部门、发展改革部门、工业和信息化部门、粮食和物资储备部门制定全国自然灾害救助物资储备规划和储备库规划，并组织实施。其中，由国务院粮食和物资储备部门会同相关部门制定中央救灾物资储备库规划，并组织实施。

设区的市级以上人民政府和自然灾害多发、易发地区的县级人民政府应当根据自然灾害特点、居民人口数量和分布等情况，按照布局合理、规模适度的原则，设立自然灾害救助物资储备库。

5. 自然灾害发生后，政府有通报自然灾害的损失情况的义务吗?

案 情

韩某是北方人，因工作需要被调往南方的某座城市担任副市长一职。韩某上任时刚好赶上当地的雨季，连日来的特大暴雨使该市西部地区发生了泥石流和山体滑坡，好几个村庄都被掩埋。由于韩某一直在北方平原地区生活，其自参加工作以来都没有碰到过这么严重的自然灾害。当地政府立即启动了应急措施，对受灾群众进行全力救援。后来，韩某发现市政府还通过广播电台、电视台、报纸等媒体，向公众公布受灾情况和防范应对及处置等工作，并且进行了连续报道。韩某想知道通报自然灾害的损失情况是政府的义务吗?

解 析

通报自然灾害的损失情况是政府的义务。本案中，当地政府借助媒体对发生的灾害及所遭受损失等相关信息，并对防范应对和处置工作情况进行连续报道是符合我国法律规定的，并符合社会救助“公开、及时”的原则。根据我国《社会救助暂行办法》第二十三条的规定，灾情稳定后，受灾地区县级以上人民政府应当评估、核定并发布自然灾害损失情况。这是关于灾情稳定后受灾地区县级以上人民政府义务的规定，同时我们也应知道，这种义务并不仅限于灾情稳定后。因为《自然灾害救助条例》第十七条对于灾情稳定前受灾地区人民政府的义务也有规定，即在灾情稳定前，受灾地区人民政府应急管理部门应当每日逐级上报自然灾害造成的人员伤亡、财产损失和自然灾害救助工作动态等情况，并及时向社会发布。灾情稳定后，受灾地区县级以上人民政府或者人民政府的自然灾害救助应急综合协调机构应当评估、核定并发布自然灾害损失情况。由此可知，无论灾情稳定与否，及时向公众发布灾情的相关情况都是政府的义务，这有利于让灾情及时被群众所知，让救助工作进行得公开透明。

法　条

《社会救助暂行办法》

第二十三条　灾情稳定后，受灾地区县级以上人民政府应当评估、核定并发布自然灾害损失情况。

《自然灾害救助条例》

第十七条　灾情稳定前，受灾地区人民政府应急管理部门应当每日逐级上报自然灾害造成的人员伤亡、财产损失和自然灾害救助工作动态等情况，并及时向社会发布。

灾情稳定后，受灾地区县级以上人民政府或者人民政府的自然灾害救助应急综合协调机构应当评估、核定并发布自然灾害损失情况。

6. 应该奖励在救灾中有突出贡献的单位或个人吗？

案 情

肖某是A县统计局的局长，他经常参加一些公益活动。夏天该地区雨水特别多，7月中旬时连降5天特大暴雨，A县多处田地被洪水冲毁，几个村庄被淹。A县政府迅速启动应急方案，要求各单位积极为灾区捐款、捐物。肖某在接到通知后，立即召开领导班子会议，要求不惜一切代价救助灾区。统计局在肖某的领导下积极捐款捐物、组织运送物资，肖某甚至多次前往灾区慰问受灾群众。灾情结束后，县政府对统计局及肖某给予了嘉奖，理由是他们在这次救灾中作出了突出贡献，起到了模范带头作用。那么请问，救灾有功的单位或个人应当得到奖励吗？

解 析

惩恶扬善本就是法律背后隐藏的深层精义，对有功之人给予奖赏也是合情合理合法之事。对自然灾害救助有突出贡献的单位或个人进行奖励可以鼓励大家积极参与到各种自然灾害救助中去，也有利于传递社会正能量，增强作为社会主人的责任感。同时，对于救灾有突出贡献的单位或个人进行奖励在我国法律法规上也有明文规定，《自然灾害救助条例》第七条规定，对在自然灾害救助中作出突出贡献的单位和个人，按照国家有关规定给予表彰和奖励。同时我国《社会救助暂行办法》第八条也规定，对在社会救助工作中作出显著成绩的单位、个人，按照国家有关规定给予表彰、奖励。由此可知，我国法律对于那些无论在自然灾害救助中还是在社会救助工作中作出突出贡献的单位和个人都规定应当给予表彰和奖励。所以，像A县统计局及其局长肖某在灾情发生后，积极参与救灾，并且作出了积极贡献的救灾有功的单位或个人，依法应得到奖励。

法　条

《自然灾害救助条例》

第七条　对在自然灾害救助中作出突出贡献的单位和个人，按照国家有关规定给予表彰和奖励。

《社会救助暂行办法》

第八条　对在社会救助工作中作出显著成绩的单位、个人，按照国家有关规定给予表彰、奖励。

7. 政府在自然灾害预警启动后，应该采取哪些必要的措施呢？

案　情

2019年年初，萧某开始担任某省自然灾害救助应急综合协调办公室的主任，该省是沿海省份，每年七八月都会有台风过境。萧某原先在司法部门工作，对于自然灾害救助可以说是门外汉，但其到任后积极向各位同事虚心请教。不到三个月的时间，萧某就对自然灾害救助应急综合协调的相关事宜了如指掌。6月底，该省气象局发出预警称台风即将在该省提前登陆。萧某在接到预警后，立即作出启动自然灾害预警的决定，并积极作出应对台风的有效措施，避免了不必要的损失。那么请问，自然灾害预警启动后，政府要采取哪些必要的措施呢？

解 析

自然灾害预警启动后，政府及时采取应对措施有利于减少不必要的损失，增强人们对抗自然灾害的信心，还有利于维护社会稳定。所以根据我国《自然灾害救助条例》第十三条的规定，自然灾害预警预报启动后，县级以上人民政府或者人民政府的自然灾害救助应急综合协调机构应该采取以下一项或者多项措施：一是可以把规避自然灾害风险的警告、避险常识和技能向社会发布，提示公众做好自救互救准备；二是可以把应急避难场所开放，把易受自然灾害危害的人员和财产进行转移和疏散，如遇紧急情况还可以实行有组织的避险转移；三是加强对易受自然灾害危害的乡村、社区以及公共场所的安全保障；四是责成应急管理等部门做好基本生活救助的准备。在自然灾害预警启动后，相关部门根据自然灾害预警预报启动预警响应采取以上应对措施，救助工作才能有条不紊地进行。其实预警的启动，就是警示人们做好灾害防范和应对准备，从而在灾害发生时能够迅速做出反应，减少灾害带来的不良影响并减小群众的损失。

法 条

《自然灾害救助条例》

第十三条 县级以上人民政府或者人民政府的自然灾害救助应急综合协调机构应当根据自然灾害预警预报启动预警响应，采取下列一项或者多项措施：

（一）向社会发布规避自然灾害风险的警告，宣传避险常识和技能，提示公众做好自救互救准备；

（二）开放应急避难场所，疏散、转移易受自然灾害危害的人员和财产，情况紧急时，实行有组织的避险转移；

（三）加强对易受自然灾害危害的乡村、社区以及公共场所的安全保障；

（四）责成应急管理等部门做好基本生活救助的准备。

8. 政府应该怎么处理因救灾所征用的挖掘机？损坏的需要赔偿吗？

案情

梁某是某县主管自然灾害救助工作的副县长，该县地处山区，每年雨季都会发生泥石流和山体滑坡等自然灾害。今年在雨季来临之前，梁某多次前往泥石流和山体滑坡多发地指导工作，要求当地负责人提前做好灾害防范和应对准备，以减少灾害带来的损失。某日，该县A乡发生了有史以来最严重的山体滑坡，灾情发生后，县政府立即作出应对措施，征用了20台挖掘机赶赴灾区进行救援，梁某更是亲往前线指挥。由于灾情严重，挖掘机连续作业了三个晚上，几台挖掘机均遭到不同程度的损坏。请问，任务完成，政府因救灾所征用的这些挖掘机应该归还吗？损坏的怎么处理？

解析

在自然灾害救助期间，县级以上地方人民政府或者人民政府的自然灾害救助应急综合协调机构有权在行政区域内紧急征用物资、设备、交通运输工具和场地。该特殊权力是我国法律赋予的，在我国《自然灾害救助条例》第十五条中有明文规定，这有助于当地政府针对自然灾害及时作出应对措施，减少损失。另外，我国《自然灾害救助条例》第十五条还规定，自然灾害救助应急工作结束后，应当及时归还紧急征用的物资、设备、交通运输工具和场地，并按照国家有关规定给予补偿。由此可知，本案中被征用的20台挖掘机，在完成应急救助任务之后，征用部门就应当及时将挖掘机归还给挖掘机所有人。对于挖掘机在执行任务过程中被损坏的，国家应当根据实际情况对挖掘机所有人进行补偿。

法 条

《自然灾害救助条例》

第十五条 在自然灾害救助应急期间，县级以上地方人民政府或者人民政府的自然灾害救助应急综合协调机构可以在本行政区域内紧急征用物资、设备、交通运输工具和场地，自然灾害救助应急工作结束后应当及时归还，并按照国家有关规定给予补偿。

9. 对救灾物资挪用、私分的，根据法律规定应当如何处理？

案 情

某省发生了6.2级地震，该省某县位于震中位置，灾情尤为严重，大量居民住宅被毁，群众流离失所。当地政府针对灾情，积极进行救援，全国各地热心人士捐赠的救灾物资也迅速到位。在救灾物资中有许多人们急需的帐篷，当地政府为保证救灾工作有序进行，指定该物资由专人保管。灾情结束后，当地政府对救灾物资进行盘点时发现200顶帐篷不知去向。经查发现是自然灾害救助应急综合协调办公室主任朱某和工作人员赵某擅自挪用、私分了这些帐篷。且朱某、赵某对此事供认不讳。请问，朱某、赵某挪用、私分救灾物资，会受到什么惩罚？

解　析

《自然灾害救助条例》第二十九条明确规定了对于行政机关工作人员应该追责的五种不法行为：一是对自然灾害损失情况迟报、谎报、瞒报，造成后果的；二是未及时组织受灾人员转移安置，或者在提供基本生活救助、组织恢复重建过程中工作不力，造成后果的；三是对自然灾害救助款物或者捐赠款物截留、挪用、私分的；四是不及时归还自然灾害救助应急期间紧急征用的财产，或者所征用财产有损坏不按照规定给予补偿的；五是有滥用职权、玩忽职守、徇私舞弊的其他行为的。有以上五种行为之一的，由任免机关或者监察机关依照法律法规给予处分；构成犯罪的，依法追究刑事责任。本案中，朱某、赵某等人将救灾物资挪用、私分的行为，属于上述规定中的第三类行为，依法应该由其任免机关或者监察机关给予处分；如经查证属实构成犯罪的，还会依法被追究刑事责任。

法　条

《自然灾害救助条例》

第二十九条　行政机关工作人员违反本条例规定，有下列行为之一的，由任免机关或者监察机关依照法律法规给予处分；构成犯罪的，依法追究刑事责任：

……

（三）截留、挪用、私分自然灾害救助款物或者捐赠款物的；

……

10. 用人单位吸纳就业救助对象，政府会给予哪些优惠政策？

案 情

不久前，顾某被任命为某县人力资源和社会保障局局长。顾某工作积极认真，很快就熟悉了人力资源和社会保障局的各项工作情况。他发现当地有很多享受生活最低保障的人员是有劳动能力的，但是由于文化水平低或者身有残疾而不能被一些用人单位所接受，所以只能赋闲在家。顾某就这些就业救助对象的情况和县里的一些企业进行了沟通，希望他们可以根据这些救助对象的特点帮助他们安排适合的工作。在沟通过程中，大多数企业都提到一个问题，那就是他们吸纳就业救助对象，政府会给予哪些优惠政策。那么，吸纳就业救助对象的用人单位会得到政府的哪些优惠政策呢？

解 析

帮助就业救助对象就业，不仅能使其自食其力，还可以实现社会公平，对维护社会稳定也会有非常重要的作用。所以我国对于那些吸纳就业救助对象的用人单位是有一定的优惠政策的，这在我国《社会救助暂行办法》第四十六条中有明确规定："吸纳就业救助对象的用人单位，按照国家有关规定享受社会保险补贴、税收优惠、小额担保贷款等就业扶持政策。"由此可知，用人单位吸纳就业救助者帮助其就业，政府在社会保险、税收、小额担保贷款等方面都有优惠政策。本条法律确定了吸纳就业救助对象的用人单位按照国家规定享受相关就业扶持政策，是对用人单位积极吸纳就业救助对象的鼓励和支持，有利于帮助有劳动能力的就业救助对象就业，改善他们的生活，减轻社会负担。

法　条

《社会救助暂行办法》

第四十六条　吸纳就业救助对象的用人单位，按照国家有关规定享受社会保险补贴、税收优惠、小额担保贷款等就业扶持政策。

11. 残疾人如果选择自主创业，国家对其有何帮扶政策？

案　情

夏某是某局的副局长，在县里组织的"残疾人结对帮扶"活动中，认识了身有残疾的高中生温某。夏某一直响应号召对温某进行帮扶，不仅给他提供物质上的帮助，还经常利用节假日带他出去见识外面的世界。后来，温某因为某些原因，高中毕业后没有继续读大学，而是进了县里的家具厂干一些力所能及的零活。温某在工作上虽然很勤奋，但是收入有限，其收入都无法保障基本生活。后来，夏某了解得知国家对残疾人自主创业有优惠政策，就帮助温某开办了一个养殖场。现在温某不仅解决了自己的温饱问题，还帮助了许多像他一样的残疾人就业。那么请问，国家对自主创业的残疾人有何帮扶政策？

解　析

残疾人自主创业不仅可以解决自己的就业问题，自食其力，还可以减轻社会和家庭的负担。残疾人作为社会的弱势群体，我国对其十分重视，在很多方面都有优惠政策，对于残疾人自主创业更是大力支持。对此，我国《残疾人就业条例》第十九条第一款规定，国家鼓励扶持残疾人自主择业、自主创业。对残疾人从事个体经营的，应当依法给予税收优惠，有关部门应当在经营场地等方面给予照顾，并按照规定免收管理类、登记类和证照类的行政事业性收费。由此可知，对于残疾人自主创业我国不仅大力支持，还在税收、经营场地、行政事业性收费等方面都有优惠政策。另外，《残疾人就业条例》第十九条第二款还规定国家对自主择业、自主创业的残疾人在一定期限内给予小额信贷等扶持。所以本案中，温某作为残疾人自主创业可享受小额信用贷款以及免缴多项行政事业性收费等多种帮扶政策。

法　条

《残疾人就业条例》

第十九条　国家鼓励扶持残疾人自主择业、自主创业。对残疾人从事个体经营的，应当依法给予税收优惠，有关部门应当在经营场地等方面给予照顾，并按照规定免收管理类、登记类和证照类的行政事业性收费。

国家对自主择业、自主创业的残疾人在一定期限内给予小额信贷等扶持。

12. 社会救助服务内容可以被政府承包出去吗?

案　情

东北某市的支柱产业是钢铁业，现在为了响应国家号召，该市引进了新技术，并进行资源整合，将一些小型工厂关闭。但是工厂关闭就会导致大量工人失业，而这些工人在工厂炼了一辈子的钢，并没有别的生存技能。市政府为了帮助这些下岗工人重新走上工作岗位，决定对他们进行技能培训。为了保证技能培训达到预期效果，市政府专门聘请了专业老师对这些下岗人员进行培训。但是此次下岗人员众多，政府的技能培训只是杯水车薪。后来该市副市长曾某提出能否把这项社会救助服务承包给第三方机构，以减轻政府压力。请问，政府可以将社会救助服务内容承包出去吗?

解　析

政府可以将社会救助服务内容承包出去，本案中曾某的提议是符合法律规定的。在我国，县级以上人民政府应当将社会救助纳入国民经济和社会发展规划，建立和完善由政府主导、社会力量参与的社会救助工作协调机制。同时，《社会救助暂行办法》第五十五条规定：“县级以上地方人民政府应当发挥社会工作服务机构和社会工作者作用，为社会救助对象提供社会融入、能力提升、心理疏导等专业服务。”该法第五十四条也规定：“县级以上地方人民政府可以将社会救助中的具体服务事项通过委托、承包、采购等方式，向社会力量购买服务。”由此可知，可以把适合社会力量提供的社会救助服务通过委托、承包、采购等方式转移给社会力量承担。以后还可以逐步发展成社会救助服务由政府向社会力量购买的方式，在社会救助中充分发挥社会工作服务机构和社会工作者的作用，做到政府和社会力量相辅相成、有机结合。所以，该市政府可以将该项服务通过委托、承包、采购等方式，转移给相关社会组织，更好地向人民群众提供优质的社会救助服务。

法 条

《社会救助暂行办法》

第五十四条 县级以上地方人民政府可以将社会救助中的具体服务事项通过委托、承包、采购等方式，向社会力量购买服务。

第五十五条 县级以上地方人民政府应当发挥社会工作服务机构和社会工作者作用，为社会救助对象提供社会融入、能力提升、心理疏导等专业服务。

第十章

教育、就业、医疗卫生法律

我国《宪法》对医疗卫生事业、劳动保障制度和社会人才培养制度作出了一系列规定，由此可以看出，我国在教育、就业、医疗方面的重视程度。而这三个方面也是切实关系百姓民生的三个大问题，必须解决好这三个问题，才能促进社会的稳定与和谐。而领导干部们作为社会工作的带头者，对这三个方面更是应该格外关注，其最基本的就是了解相关制度的内容和法律的规定。所以，领导干部们学习这些方面的法律知识，在自身需要之余，也是促进整个社会“科教文卫”共同发展的题中应有之义。

1. 就业专项资金的用途有哪些?

案　情

老刘是某地政府的领导干部，其负责的事项之一就是全市的就业失业保障工作。当地有一批刚毕业的应届大学生没有找到合适的工作，处于在家待业的状态。对此，老刘提出要安排专项资金改善就业环境，促进大学生就业。最近，各项工作基本完成，专项资金的运用规划也制定完成。但是，有名工作人员出于私心，想将这笔专项资金的其中一部分用作投资他处，并向老刘提出了自己的建议。老刘一听，十分生气，称这是关乎大学生就业和社会稳定发展的大事，就业专项资金有自己固定的用途，怎么能随意挪用，并对这名工作人员进行了严厉的批评。那么，就业专项资金的用途都有哪些呢?

解　析

一般而言，国家的财政支出都是专款专用，专项资金不能随意用作他处。对于就业专项资金而言，也是有其固定的用途的。我们国家县级以上人民政府都应当根据就业状况和就业工作目标，在财政预算中安排就业专项资金用于促进就业工作。根据我国《就业促进法》第十五条第三款的规定，就业专项资金用于职业介绍、职业培训、公益性岗位、职业技能鉴定、特定就业政策和社会保险等的补贴，小额贷款担保基金和微利项目的小额担保贷款贴息，以及扶持公共就业服务等。就业专项资金的使用管理办法由国务院财政部门和劳动行政部门规定。

除此以外，就业专项资金的用途还应该及时进行公示，市委、市政府还应该重视就业专项资金使用工作，定期听取资金使用情况汇报，并督导资金的支出和落实。

法　条

《中华人民共和国就业促进法》

第十五条　国家实行有利于促进就业的财政政策，加大资金投入，改善就业环境，扩大就业。

县级以上人民政府应当根据就业状况和就业工作目标，在财政预算中安排就业专项资金用于促进就业工作。

就业专项资金用于职业介绍、职业培训、公益性岗位、职业技能鉴定、特定就业政策和社会保险等的补贴，小额贷款担保基金和微利项目的小额担保贷款贴息，以及扶持公共就业服务等。就业专项资金的使用管理办法由国务院财政部门和劳动行政部门规定。

2. 政府有义务帮助农村富余劳动力转移就业吗?

案　情

孙某在某县的县政府工作，其老家位于该县的孙家庄村。今年春节，孙某回老家过年，村支部书记钱某来到孙某家，对孙某讲述了最近村里的情况。原来，村里现在有许多的富余劳动力，过了农忙时，这些年轻力壮的人们只能闲在家中。周围又没有什么乡镇企业可以上班，只有一个炼铁厂，劳动力还是处于饱和状态，而且这份工作也是许多人争着抢着要干，使得劳动力价格非常低廉。所以，村支书钱某想让孙某向政府领导反映一下情况，并希望政府能帮帮忙，帮助村里的劳动力转移就业。孙某听后，答应了钱某。那么，政府有没有义务帮助农村富余劳动力转移就业呢？

解　析

政府是有义务帮助农村富余劳动力转移就业的。政府合理引导农村劳动力向非农产业流动，大规模转移农村劳动力，积极发展劳务经济是增加农民收入的重要途径。根据我国《就业促进法》第二十条的规定，县级以上地方人民政府推进小城镇建设和加快县域经济发展，引导农业富余劳动力就地就近转移就业；在制定小城镇规划时，将本地区农业富余劳动力转移就业作为重要内容。县级以上地方人民政府引导农业富余劳动力有序向城市异地转移就业；劳动力输出地和输入地人民政府应当互相配合，改善农村劳动者进城就业的环境和条件。所以，政府应该积极引导农村富余劳动力的转移，因为只有把农村剩余劳动力转移到非农产业，并保障农民就业的稳定性，才能从根本上解决农民的增收问题。

法　条

《中华人民共和国就业促进法》

第二十条　国家实行城乡统筹的就业政策，建立健全城乡劳动者平等就业的制度，引导农业富余劳动力有序转移就业。

县级以上地方人民政府推进小城镇建设和加快县域经济发展，引导农业富余劳动力就地就近转移就业；在制定小城镇规划时，将本地区农业富余劳动力转移就业作为重要内容。

县级以上地方人民政府引导农业富余劳动力有序向城市异地转移就业；劳动力输出地和输入地人民政府应当互相配合，改善农村劳动者进城就业的环境和条件。

3. 人才交流服务中心举办招聘会，可以向劳动者收费吗？

案 情

夏某毕业以后，将档案调至了本市的人才交流服务中心，在去往该中心办理档案资料时，夏某得知该中心定期举办招聘会。于是，夏某咨询好了具体的时间，遂前往该中心参加招聘会。可是，在入场之前，夏某被告知要缴纳50元的“入场费”，而且不管是否找到工作，劳动者只要进入招聘会会场，就要缴纳。无奈，夏某只好缴纳了50元的“入场费”，但遗憾的是，夏某并未找到工作。回到家以后，夏某向自己的父亲老夏讲述了自己一天的经历，老夏是当地政府的一名老干部，听说了人才中心的这种收费行为后，十分生气，决定向领导反映此事。那么，人才交流服务中心举办招聘会，可以向劳动者收费吗？

解 析

我们国家各个地方几乎都有人才交流服务中心或者人事档案管理部门。这些机构一般都是事业编制，还有部分是企业化管理，但都属于公共就业服务机构。而根据我国《就业促进法》第三十七条的规定，地方各级人民政府和有关部门不得举办或者与他人联合举办经营性的职业中介机构。地方各级人民政府和有关部门、公共就业服务机构举办的招聘会，不得向劳动者收取费用。据此可知，本案中的人才服务交流中心举办招聘会，向劳动者收取50元“入场费”的行为是违反上述规定的，应该及时停止。我们国家一直以来都采取各种措施促进劳动者就业，这不仅是在解决民生问题，也是为了维护社会的稳定。所以各个政府部门和公共就业机构应该尽可能帮助劳动者就业，而不是想方设法利用招聘来攫取劳动者的钱财。

法　条

《中华人民共和国就业促进法》

第三十七条　地方各级人民政府和有关部门不得举办或者与他人联合举办经营性的职业中介机构。

地方各级人民政府和有关部门、公共就业服务机构举办的招聘会，不得向劳动者收取费用。

4. 政府应该建立怎样的就业援助制度？

案　情

周某是某个残疾人学校的校长，该校学生由于受到身体健康的限制，毕业以后，在本市的就业情况并不乐观。为了促进学生们就业，周某多次找到当地市政府，希望市政府能出台一些措施，缓解残疾人就业情况。2020年，周某再次与政府的领导人员商议，希望政府能建立就业援助制度，政府经过内部商议后也同意建立健全就业援助制度。于是，周某结合自己学校的情况，提出了一些自己的建议，主要是希望政府能够加大对公用事业的资金投入，带动残疾人就业。而政府主要是想通过贷款贴息以及其他补贴这样的形式来援助就业。那么，政府应该建立怎样的就业援助制度呢？

解　析

就业是我们普遍关心的问题，直接关系到国民经济的发展乃至社会的稳定。促进各种困难人员就业是政府的重要责任，各级政府应建立就业援助制度，完善就业援助政策。本案中的残疾人属于就业困难人员，根据我国《就业促进法》第五十二条的规定，各级人民政府建立健全就业援助制度，采取税费减免、贷款贴息、社会保险补贴、岗位补贴等办法，通过公益性岗位安置等途径，对就业困难人员实行优先扶持和重点帮助。这里的就业困难人员是指因身体状况、技能水平、家庭因素、失去土地等原因难以实现就业，以及连续失业一定时间仍未能实现就业的人员。所以，本案中的政府应该按照上述规定，建立税费减免、贷款贴息、社会保险补贴、岗位补贴、安置公益性岗位的就业援救制度。

法　条

《中华人民共和国就业促进法》

第五十二条　各级人民政府建立健全就业援助制度，采取税费减免、贷款贴息、社会保险补贴、岗位补贴等办法，通过公益性岗位安置等途径，对就业困难人员实行优先扶持和重点帮助。

就业困难人员是指因身体状况、技能水平、家庭因素、失去土地等原因难以实现就业，以及连续失业一定时间仍未能实现就业的人员。就业困难人员的具体范围，由省、自治区、直辖市人民政府根据本行政区域的实际情况规定。

5. 教育经费支出应该得到特别的“照顾”吗?

案　情

郑某是某地教育局的领导干部，王某是该地生态环境局的领导干部。某日，二人一同前往政府开会，会上，市委副书记朱某提到了教育经费问题和生态环境保护经费问题。王某认为，冬季马上就到来了，随之而来的将会是非常严重的雾霾问题，所以政府应该把每年的经费支出偏重于生态环境保护，从而解决雾霾问题。而郑某则认为，教育对一个国家而言十足重要，不管什么时候，教育经费的支出都是应该受到照顾的，其余各项支出都应该在教育之后，王某所言的环保亦是如此。那么，在我们国家，政府各个部门的经费支出真的有先后之分吗？教育经费支付应该得到特殊的“照顾”吗?

解　析

政府部门对于各个事项的支出都是有财政预算的，专款专用，并无先后之分。教育经费只是政府经费支出的一部分，也没有任何“特权”。根据我国《教育法》第五十六条的规定，各级人民政府的教育经费支出，按照事权和财权相统一的原则，在财政预算中单独列项。各级人民政府教育财政拨款的增长应当高于财政经常性收入的增长，并使按在校学生人数平均的教育费用逐步增长，保证教师工资和学生人均公用经费逐步增长。从上述法条我们可以得知，教育拨款应该是一个逐步增长的趋势，但是并不能得出教育经费比其他经费有任何的优先性。教育、环保、卫生、科学等都属于国家重点发展的事项，但是要做到全面综合发展，不会对谁有“特别”照顾。

法条

《中华人民共和国教育法》

第五十六条 各级人民政府的教育经费支出，按照事权和财权相统一的原则，在财政预算中单独列项。

各级人民政府教育财政拨款的增长应当高于财政经常性收入的增长，并使按在校学生人数平均的教育费用逐步增长，保证教师工资和学生人均公用经费逐步增长。

6. 教育专项资金应着重用到哪些方面?

案情

某市人民政府设立了教育专项资金。对于这笔资金的具体用途，政府各个领导干部说法不一。文副市长认为这笔资金应该主要用于中学教育，因为一个地方的重点大学录取率通常是人们讨论的焦点，所以重点投入中学教育，有利于提高本地的重点大学录取率。吕处长则认为应该重点用于学前教育，不能让本市的孩子们输在起跑线上。除此以外，也有人指出应该用于小学生的业余爱好的学习，从而促进孩子们的全面发展。但是姚主任坚称这笔资金可以有上述几个用途，但最重要的是扶持贫困地区的义务教育，因为教育最基本的应该是保障孩子们都有学可上。那么，教育专项资金到底应着重用到哪些方面呢？

解　析

教育专项资金，是指专门用于某项教育事业或教育活动的专用教育经费。根据我国《教育法》第五十七条的规定，国务院及县级以上地方各级人民政府应当设立教育专项资金，重点扶持边远贫困地区、少数民族地区实施义务教育。由此可知，各个地区的教育资金，应该着重用在扶持边远贫困地区、少数民族地区实施义务教育上，本案中的资金也应如此。我们国家贫富差距比较大，即使是一个地区的村镇差距也非常大，许多边远贫困地区和少数民族地区的孩子们甚至都不能接受九年义务教育，所以国家应该更多地帮助这些孩子。至少，让这些孩子上得起学，接受得起最基本的教育。据此，我国《教育法》明文规定了教育专项资金的重点用途。

法　条

《中华人民共和国教育法》

第五十七条　国务院及县级以上地方各级人民政府应当设立教育专项资金，重点扶持边远贫困地区、少数民族地区实施义务教育。

7. 城乡建设规划包含学校的基本建设吗？

案 情

某县是该地区的贫困县之一，人们的生活水平较低，甚至很多孩子的九年义务教育都无法保证。近几年，新领导班子的领导通过发展当地的特色产业，带动了当地经济的发展，人们的生活水平也随之提高，人们对教育的重视程度也有所提升，使得入学孩子数量急剧增加，但引发的是学校资源紧缺，县里急需修建几所学校，以满足这些孩子的入学需求。很多家长也向政府提出了这一要求，希望政府可以修建几所学校，但是县领导觉得学校建设不在城乡建设规划的范围内，无法修建。那么，城乡建设规划包含学校的基本建设吗？

解 析

根据我国《教育法》第六十四条的规定，地方各级人民政府及其有关行政部门必须把学校的基本建设纳入城乡建设规划，统筹安排学校的基本建设用地及所需物资，按照国家有关规定实行优先、优惠政策。可见，地方各级政府应当把对学校的基本建设纳入当地的城乡建设规划中，该县领导认为学校建设不属于城乡建设规划范围内的说法是错误的。我们国家一直走“科教兴国”路线，对孩子的教育是将其培育成新时代所需人才的基本保障，而学校的基本建设也成为提高教育水平的基本途径。随着我们国家经济水平的提高，人们对教育的重要性也有了新的认识，政府对于当地的学校建设也应当提前有所规划，为孩子们入学接受教育敞开大门。而且，对学校的基本建设，不仅仅与孩子的发展、与家长的期望有关，更与我们国家的繁荣与发展有关，当今时代就是人才的竞争，对人才的培养离不开一个国家的教育，各级人民政府是当地人民的守护者，应当为当地学龄儿童入学做好规划，为他们的健康成长营造一个良好的开端。

法　条

《中华人民共和国教育法》

第六十四条　地方各级人民政府及其有关行政部门必须把学校的基本建设纳入城乡建设规划，统筹安排学校的基本建设用地及所需物资，按照国家有关规定实行优先、优惠政策。

8. 教育对外交流与合作，应坚持怎样的原则?

案　情

时代小学是某市的重点公立小学，由当地政府出资建设。该学校以培养综合性人才为宗旨，注重学生的自我创新能力，促进学生的多方面发展。随着改革开放的逐步深入，我们国家的对外联系逐步增多，校领导积极响应时代号召，打算同外国的某小学进行交流合作，一方面可以开阔学生的眼界，另一方面也可以借鉴学习外国学校的教育方法。但是一段时间后，很多学生家长反映，单纯地学习外国的教学方法，使学生根本无法适应中国的现状。那么，当教育对外交流与合作时，我们应该坚持怎样的原则?

解 析

对于教育的对外交流与合作，我国《教育法》第六十七条第一款规定，国家鼓励开展教育对外交流与合作，支持学校及其他教育机构引进优质教育资源，依法开展中外合作办学，发展国际教育服务，培养国际化人才。但是，我们也要坚持一定的原则，即教育对外交流与合作坚持独立自主、平等互利、相互尊重的原则，不得违反中国法律，不得损害国家主权、安全和社会公共利益。可见，教育的对外交流与合作能够适应当前时代发展的潮流，是国家所支持的，但是同时我们也要遵循一定的原则，即要独立自主、不得有违我国法律及社会公共利益。时代小学开展对外交流，无论对学生还是对学校都有一定的好处，但是也要掌握方法，不能一味地学习外国的学校，毕竟国家现状不同，单纯地以外国的教育方法来教育学生，可能会使学生无法适应中国的社会现状，无法同其他学生展开竞争。因此，教育既要继承我们中国的教育传统，又要与时俱进，善于借鉴学习其他国家的优秀之处，才是我们发展国家教育的正确之路，才有助于将我们的学生培养成综合性人才，适应国家发展所需。

法 条

《中华人民共和国教育法》

第六十七条 国家鼓励开展教育对外交流与合作，支持学校及其他教育机构引进优质教育资源，依法开展中外合作办学，发展国际教育服务，培养国际化人才。

教育对外交流与合作坚持独立自主、平等互利、相互尊重的原则，不得违反中国法律，不得损害国家主权、安全和社会公共利益。

9. 城乡医疗救助基金有哪些来源?

案　情

郑某之前是某县人民医院的院长，其本身也是外科医生出身。作为一名领导干部，郑某深知百姓就医难的痛苦，于是，在退休以后，郑某召集各个朋友，给政府捐赠了一笔钱作为城乡医疗救助基金，其实，政府一直以来就有城乡医疗救助基金，只是不为百姓所知，政府也没有切实地落实好这件事情。不久前，该地政府会同当地的民政部门，对这笔资金进行了合理的安排，解决了很大一部分人的治病难题。对此，百姓们非常感谢政府。那么，对于城乡医疗救助基金，除了自愿捐赠以外，还有哪些来源呢?

解　析

我们许多人都知道城乡医疗救助制度，这个制度指的是通过政府拨款和社会捐助等多渠道筹资建立基金，对某些特殊群众或者困难群众给予医疗费用补助的一种救助制度。这里的城乡医疗救助基金，是指通过公共财政预算、彩票公益金和社会各界捐助等渠道筹集，按规定用于城乡贫困家庭医疗救助的专项基金，其设立的目的是解决困难群众的治病问题。根据我国《城乡医疗救助基金管理办法》第五条的规定，城乡医疗救助基金的来源主要包括：(一) 地方各级财政部门每年根据本地区开展城乡医疗救助工作的实际需要，按照预算管理的相关规定，在年初公共财政预算和彩票公益金中安排的城乡医疗救助资金；（二）社会各界自愿捐赠的资金；（三）城乡医疗救助基金形成的利息收入；（四）按规定可用于城乡医疗救助的其他资金。本案中城乡医疗救助基金是由郑某等人主动捐献的，除此以外还有上述的财政拨款、利息收入和其他资金等来源。

法 条

《城乡医疗救助基金管理办法》

第五条 县级以上人民政府建立城乡医疗救助基金，城乡医疗救助基金来源主要包括：

（一）地方各级财政部门每年根据本地区开展城乡医疗救助工作的实际需要，按照预算管理的相关规定，在年初公共财政预算和彩票公益金中安排的城乡医疗救助资金。

（二）社会各界自愿捐赠的资金。

（三）城乡医疗救助基金形成的利息收入。

（四）按规定可用于城乡医疗救助的其他资金。

第六条 县级以上财政部门会同民政部门根据城乡医疗救助对象需求、工作开展情况等因素，按照财政管理体制，科学合理地安排城乡医疗救助补助资金。上级财政对经济困难的地区给予适当补助。

10. 对贫困落后地区如何支付城乡医疗救助基金？

案　情

某县的小王庄乡是一个非常贫困落后的乡镇。上个月，政府有一笔城乡医疗救助基金需要由当地的财政部门下拨到各个乡镇和农村。而这笔城乡医疗救助基金应该实行财政直接支付，即财政部门将城乡医疗救助基金由社保基金专户直接支付到定点医疗机构、定点零售药店或医疗救助对象。但是小王庄乡并不具备支付条件，不知该如何接收。后来，乡长郭某提议可以直接到财政部门领取，也有人提议让财政部门的人员送至乡里，再向村里村民下发。那么，对于这种不具备支付条件的贫困地区，应该如何向他们支付城乡医疗救助基金呢？

解　析

现实中，有许多地区因为贫困落后而不具备医疗救助基金的支付条件，对于这种情况，我国《城乡医疗救助基金管理办法》第十二条规定，暂不具备直接支付条件的统筹地区民政部门可根据需要开设一个城乡医疗救助基金支出户，一个统筹地区最多开设一个支出户，其主要用途是接收财政专户拨入的基金，支付基金支出款项，支出户的利息收入应定期缴入社保基金专户，并入城乡医疗救助基金管理；支出户除向定点医疗机构和定点零售药店结算垫付医疗费用、向医疗救助对象支付救助资金外，不得发生其他支出业务。根据上述规定可知，民政部门应该在小王庄乡设立一个城乡救助基金支出户。这个支出户可以用来接收财政的拨款，也可以用来向村民支付基金支出款项。至于村民们和乡长提议的直接领取是不可取的，因为这样不仅不利于管理，也容易滋生一些其他问题。

法 条

《城乡医疗救助基金管理办法》

第十二条 暂不具备直接支付条件的统筹地区民政部门可根据需要开设一个城乡医疗救助基金支出户（以下简称支出户）。一个统筹地区最多开设一个支出户。全部医疗救助补助支出实行直接支付的地区，不设支出户。

支出户的主要用途是：接收财政专户拨入的基金，支付基金支出款项，包括对救助对象符合规定的不能通过“一站式”即时结算的医疗费补助支出，对偏远地区和金融服务不发达等不具备直接支付条件的地区的基金支出，及政策规定的其他可以直接发放给救助对象的基金支出。支出户的利息收入应定期缴入社保基金专户，并入城乡医疗救助基金管理。

支出户除向定点医疗机构和定点零售药店结算垫付医疗费用、向医疗救助对象支付救助资金外，不得发生其他支出业务。支出户发生的业务原则上通过转账方式，逐步减少并取消现金支出。

11. 领导干部隐瞒、谎报、缓报疫情的法律后果是什么？

案 情

2020年，新冠肺炎疫情在全球暴发。中国政府部门采取了十分有效的管控措施，疫情得到了有效控制。但是，从境外而至的输入病例时有增加。一日，某市某医院收治了2名从境外输入的新冠肺炎患者。由于该医院未采取果断有力的隔离措施，导致医院的3名患者感染新冠肺炎病毒。然而，某市的卫健委主任王某认为，现在新冠疫情已经得到有效控制，一旦将数据上报，很有可能会影响自己的政绩，不如等患者完全康复后再看报还是不报。于是，王某开会要求各部门严守“秘密”，暂时不得将该医院疫情的任何情况进行泄露。那么，王某隐瞒、缓报疫情的法律后果是什么？

解　析

我国《传染病防治法》第三十七条规定，负有传染病疫情报告职责的人民政府有关部门、疾病预防控制机构、医疗机构、采供血机构及其工作人员，不得隐瞒、谎报、缓报传染病疫情。《突发公共卫生事件应急条例》第二十一条规定，任何单位和个人对突发事件，不得隐瞒、缓报、谎报或者授意他人隐瞒、缓报、谎报。由此可见，在疫情暴发时，作为负有传染病疫情报告职责的政府有关部门及其工作人员，应当将疫情的相关情况如实上报，任何隐瞒、缓报、谎报的行为都是违反法律规定的。对此，《突发公共卫生事件应急条例》第四十五条规定了县级以上地方人民政府及其卫生行政主管部门未依照本条例的规定履行报告职责的后果，即对政府主要领导人及其卫生行政主管部门主要负责人，依法给予降级或者撤职的行政处分；如果造成传染病传播、流行或者对社会公众健康造成其他严重危害后果的，依法给予开除的行政处分；构成犯罪的，依法追究刑事责任。

在本案中，王某作为某市卫健委主任，对疫情负有报告职责。在发现该市有新冠肺炎病例时，王某应该及时将相关的数据上报，而不能为了自己的政绩有所隐瞒，这可能会导致更大的危害。因此，对于王某隐瞒疫情的行为，其会被依法给予行政处分，如果后果严重的，还可能会被开除，甚至还可能会被追究刑事责任。

法　条

《中华人民共和国传染病防治法》

第三十七条　依照本法的规定负有传染病疫情报告职责的人民政府有关部门、疾病预防控制机构、医疗机构、采供血机构及其工作人员，不得隐瞒、谎报、缓报传染病疫情。

《突发公共卫生事件应急条例》

第二十一条　任何单位和个人对突发事件，不得隐瞒、缓报、谎报或者授意他人隐瞒、缓报、谎报。

第四十五条　县级以上地方人民政府及其卫生行政主管部门未依照本条例的规定履行报告职责，对突发事件隐瞒、缓报、谎报或者授意他人隐瞒、缓报、谎报的，对政府主要领导人及其卫生行政主管部门主要负责人，依法给予降级或者撤职的行政处分；造成传染病传播、流行或者对社会公众健康造成其他严重危害后果的，依法给予开除的行政处分；构成犯罪的，依法追究刑事责任。

第十一章

市场经济法律

近几年，随着社会主义市场经济的发展，我国也不断出台有关市场经济的法律法规，并逐步形成了一个规范市场经济的法律框架。面对日新月异的社会，面对不断变化的新形势，进一步搞好市场经济法律知识的宣传教育，提高各个领导干部的市场经济法治观念已经成为一项重要而紧迫的任务。领导干部们必须了解市场经济法律知识，才能更好地为市场经济体制服务，为发展和完善这一体制贡献自己的力量。

1. 地方政府对外来产品收取高价管理费，是不正当竞争吗?

案　情

某地是一个沿海城市，一到夏季，随着海边大排档的出现，啤酒市场迅速升温，需求量非常大。该地有自产的啤酒品牌，但是该品牌的啤酒在本地销量一般，因此有许多的外地知名啤酒品牌流入本地市场。为了限制外地啤酒的流入，保护本地啤酒，市长孟某组织召开会议，并出台了一个决定，即对所有外地啤酒加收百分之十的管理费。外地啤酒因高价管理费，其售价也随之而提高。消费者面对如此高价的啤酒，果断放弃，而全部选择了本地产的啤酒。外地啤酒经销商对此事非常愤怒，认为孟市长的做法是违法的。那么，地方政府可以对外来产品收取高价管理费吗?

解　析

本案中，孟某的做法确系违法，我国《反垄断法》第三十三条规定，行政机关和法律、法规授权的具有管理公共事务职能的组织不得滥用行政权力，实施下列行为，妨碍商品在地区之间的自由流通：“（一）对外地商品设定歧视性收费项目、实行歧视性收费标准，或者规定歧视性价格；（二）对外地商品规定与本地同类商品不同的技术要求、检验标准，或者对外地商品采取重复检验、重复认证等歧视性技术措施，限制外地商品进入本地市场；（三）采取专门针对外地商品的行政许可，限制外地商品进入本地市场；（四）设置关卡或者采取其他手段，阻碍外地商品进入或者本地商品运出；（五）妨碍商品在地区之间自由流通的其他行为。”政府作为调节市场经济中的“看得见的手”，其不得直接干预市场上外地产品的进入与本地产品的流出。所以，本案中，政府采取加收高价管理费的方式来抵制外来啤酒品牌，是违反上述规定的，属于滥用行政权力的体现。同时该法第五十一条明确规定，政府有上述违法行为的，应该由上级机关责令其改正，并对直接负责的主管人员和其他直接责任人员依法给予处分。反垄断执法机构还可以向有关上级机关提出依法处理的建议。所以，本地政府应该及时终止该行为，并对自己的错误承担责任。

法 条

《中华人民共和国反垄断法》

第三十三条 行政机关和法律、法规授权的具有管理公共事务职能的组织不得滥用行政权力，实施下列行为，妨碍商品在地区之间的自由流通：

（一）对外地商品设定歧视性收费项目、实行歧视性收费标准，或者规定歧视性价格；

（二）对外地商品规定与本地同类商品不同的技术要求、检验标准，或者对外地商品采取重复检验、重复认证等歧视性技术措施，限制外地商品进入本地市场；

（三）采取专门针对外地商品的行政许可，限制外地商品进入本地市场；

（四）设置关卡或者采取其他手段，阻碍外地商品进入或者本地商品运出；

（五）妨碍商品在地区之间自由流通的其他行为。

第五十一条 行政机关和法律、法规授权的具有管理公共事务职能的组织滥用行政权力，实施排除、限制竞争行为的，由上级机关责令改正；对直接负责的主管人员和其他直接责任人员依法给予处分。反垄断执法机构可以向有关上级机关提出依法处理的建议。

法律、行政法规对行政机关和法律、法规授权的具有管理公共事务职能的组织滥用行政权力实施排除、限制竞争行为的处理另有规定的，依照其规定。

2. 粮食的订购价格是由谁来决定的？

案 情

孙某是某地负责农业经济方面的领导干部。受地质灾害的影响，今年该地农产品损失惨重，粮食产量非常低，对此，农民们苦不堪言。孙某看到这个情况，开始为农民们想办法，毕竟粮食产量如此之低，也辜负了农民们一年的劳作。后来，某村的村支部书记刘某告知孙某，自己决定提高本村的粮食订购价格，一旦提高粮食的订购价格，就能给农民们增加点收入，虽然产量低，但是单价高，也是可以弥补损失的。于是，孙某就召集了工作人员，对此事进行讨论。但是许多人对此方案都明确反对，认为粮食的订购价格是国家规定的，怎么能由村支书自己决定呢？那么，粮食的订购价格是由谁来决定的？

解 析

粮食的订购价格是不能由村民自己决定的。一般而言，价格水平受供求关系影响而上下波动。我国《价格法》第六条规定："商品价格和服务价格，除依照本法第十八条规定适用政府指导价或者政府定价外，实行市场调节价，由经营者依照本法自主制定。"实行政府指导价或者政府定价的商品和服务价格主要有：(1) 与国民经济发展和人民生活关系重大的极少数商品价格；(2) 资源稀缺的少数商品价格；(3) 自然垄断经营的商品价格；(4) 重要的公用事业价格；(5) 重要的公益性服务价格。本案中的粮食是关系国计民生的商品，该商品属于上述第一类情形，即与国民经济发展和人民生活关系重大的商品。对于这类商品的价格应该实行政府指导价或者政府定价，一般而言，我国的粮食订购价的标准按照国务院规定而来。村民们是没有权利决定粮食的订购价的。

法 条

《中华人民共和国价格法》

第六条 商品价格和服务价格，除依照本法第十八条规定适用政府指导价或者政府定价外，实行市场调节价，由经营者依照本法自主制定。

第七条 经营者定价，应当遵循公平、合法和诚实信用的原则。

第八条 经营者定价的基本依据是生产经营成本和市场供求状况。

第十八条 下列商品和服务价格，政府在必要时可以实行政府指导价或者政府定价：

（一）与国民经济发展和人民生活关系重大的极少数商品价格；

（二）资源稀缺的少数商品价格；

（三）自然垄断经营的商品价格；

（四）重要的公用事业价格；

（五）重要的公益性服务价格。

3. 单位内的国家重点保护植物可以随意拍卖吗？

案　情

某国有单位的院子里有一颗古树，据传，这棵树有好几百年的历史，属于国家一级保护植物。去年，该单位建造了新的办公大楼，在搬走之前，单位领导赵书记不知如何处理这棵古树。后来，有人说可以直接将这棵古树拍卖，拍卖所得的价款可以用作单位的资金。也有人说可以将这棵古树直接挖走，移植到新单位院子里。但是赵书记觉得，这是一棵历史悠久的古树，又是国家重点保护的植物，不能随便就拍卖，而如果移植的话也是有很大风险的，所以这棵树不能动。那么，对于单位内的国家重点保护植物到底能否随意拍卖呢？

解　析

本案中赵书记所说的是正确的，对于单位内的国家重点保护植物，是不能随意拍卖的。我们都知道，拍卖是指以公开竞价的形式，将特定物品或财产权利转让给最高应价者的买卖方式。我国《拍卖法》第六条规定："拍卖标的应当是委托人所有或者依法可以处分的物品或者财产权利。"但是，本案中的古树属于国家一级古树，更是重点保护植物，其所有权并不是归单位，而是归国家。也就是说，单位并没有对这棵古树的处分权，更谈不上进行拍卖。所以，这棵古树应该继续生长在这里，任何人都不能随意砍伐、拍卖以及进行其他处置。否则，就要对自己无权处分的行为承担相应的法律责任。

法 条

《中华人民共和国拍卖法》

第六条 拍卖标的应当是委托人所有或者依法可以处分的物品或者财产权利。

4. 内幕交易要承担怎样的法律责任？

案 情

何某是某个证券交易机构的领导人员，2018年，何某接受了某个企业的贿赂，在证券交易中为该企业提出了"建议"。后来，何某看到进行内幕交易有利可图，于是接受了许多单位和个人的请托，并与单位的其他员工一起进行各种内幕信息的泄露以及其他内幕交易行为。2019年9月，何某的这些内幕交易行为被人举报，有关部门对何某进行了调查，何某也因此被其所在的单位停职。2020年5月，调查结果公示，何某确实涉嫌内幕交易，并对具体情况进行了通报。后来，何某受到了严厉的惩罚。那么，对于涉嫌内幕交易的人，一般会承担怎样的法律责任呢？

解析

内幕交易是指内幕人员和以不正当手段获取内幕信息的其他人员违反法律、法规的规定，泄露内幕信息，根据内幕信息买卖证券或者向他人提出买卖证券建议的行为。根据我国《证券法》第一百九十一条的规定，证券交易内幕信息的知情人或者非法获取内幕信息的人，违反本法规定从事内幕交易的，将责令依法处理非法持有的证券，没收违法所得，并处以违法所得一倍以上十倍以下的罚款；如果行为人没有违法所得或者违法所得不足五十万元的，将处以五十万元以上五百万元以下的罚款。如果单位从事内幕交易的，还应当对直接负责的主管人员和其他直接责任人员给予警告，并处以二十万元以上二百万元以下的罚款。国务院证券监督管理机构工作人员从事内幕交易的，从重处罚。据此可知，涉嫌内幕交易的人根据涉案金额不同需要承担不同的法律责任，在本案中，何某和其单位员工进行内幕交易而获取利益，应该按照上述规定的涉案金额进行处罚。

法条

《中华人民共和国证券法》

第五十三条 证券交易内幕信息的知情人和非法获取内幕信息的人，在内幕信息公开前，不得买卖该公司的证券，或者泄露该信息，或者建议他人买卖该证券。

持有或者通过协议、其他安排与他人共同持有公司百分之五以上股份的自然人、法人、非法人组织收购上市公司的股份，本法另有规定的，适用其规定。

内幕交易行为给投资者造成损失的，应当依法承担赔偿责任。

第一百九十一条 证券交易内幕信息的知情人或者非法获取内幕信息的人违反本法第五十三条的规定从事内幕交易的，责令依法处理非法持有的证券，没收违法所得，并处以违法所得一倍以上十倍以下的罚款；没有违法所得或者违法所得不足五十万元的，处以五十万元以上五百万元以下的罚款。单位从事内幕交易的，还应当对直接负责的主管人员和其他直接责任人员给予警告，并处以二十万元以上二百万元以下的罚款。国务院证券监督管理机构工作人员从事内幕交易的，从重处罚。

违反本法第五十四条的规定，利用未公开信息进行交易的，依照前款的规定处罚。

5. 政府能对本地品牌进行价格保护吗？

案 情

武夷山盛产茶叶，其中“武夷山牌”茶叶更是在当地市场占据绝对优势。但是，在武夷山当地市场上，除了“武夷山牌”茶叶外，还有许多外地品牌的茶叶。某一年，由于天气状况特别好，武夷山茶叶的产量大幅提高，根据市场的供求变化，茶叶的整体价格下降。面对这一情况，当地的茶农急坏了，按照当前市场的价格，顶多能赚个成本价，于是许多当地的茶农找到政府，希望政府能够给予当地的茶叶品牌一定的价格保护，以保护当地茶农的利益，也可以打击一下外地茶叶品牌在当地的竞争力。那么，政府可以对本地品牌进行价格保护吗？

解　析

价格保护是政府给予当地产品的一种特殊保护手段，在某些特殊情况下，某产品的产量上升但是市场的需求却没有显著增多时，政府利用行政手段提高产品购买价格，可以保护该类产品生产者的利益。在我们国家，一般会对农产品进行价格保护，以维护农民的利益。案情中涉及的茶叶，并不属于关系到国计民生的重要产品，当因为产量大引起价格下降时，政府不应该对本地品牌进行价格保护。我国《反垄断法》第三十三条规定，政府不能滥用行政权力，对外地商品规定歧视性的价格；也不能通过设置关卡或者其他手段，阻碍外地商品的进入或者本地商品运出。当地政府如果滥用权力，对当地品牌的茶叶进行价格保护，不仅会使外地品牌的茶叶损失严重，也会极大地打击外地茶叶品牌的市场竞争力，不利于市场经济的公平竞争，同时还会使自身受到相应的行政处罚。

法　条

《中华人民共和国反垄断法》

第三十三条　行政机关和法律、法规授权的具有管理公共事务职能的组织不得滥用行政权力，实施下列行为，妨碍商品在地区之间的自由流通：

（一）对外地商品设定歧视性收费项目、实行歧视性收费标准，或者规定歧视性价格；

（二）对外地商品规定与本地同类商品不同的技术要求、检验标准，或者对外地商品采取重复检验、重复认证等歧视性技术措施，限制外地商品进入本地市场；

（三）采取专门针对外地商品的行政许可，限制外地商品进入本地市场；

（四）设置关卡或者采取其他手段，阻碍外地商品进入或者本地商品运出；

（五）妨碍商品在地区之间自由流通的其他行为。

第五十一条 行政机关和法律、法规授权的具有管理公共事务职能的组织滥用行政权力，实施排除、限制竞争行为的，由上级机关责令改正；对直接负责的主管人员和其他直接责任人员依法给予处分。反垄断执法机构可以向有关上级机关提出依法处理的建议。

法律、行政法规对行政机关和法律、法规授权的具有管理公共事务职能的组织滥用行政权力实施排除、限制竞争行为的处理另有规定的，依照其规定。

6. 政府采购招投标中，本地企业能优先吗？

案 情

为了响应“全民健身”号召，提高国民素质，某地政府打算修建一个大型的休闲娱乐广场，以丰富当地群众的户外活动形式。政府关于这一大型娱乐广场的招标公告一经公布，便引来许多建筑公司纷纷投标。后政府经审查发现，有两家公司都很符合要求，一家是本地企业，另一家是外地企业，而且如果论实力及要求，这家外地企业好像更优于当地企业。但是政府考虑到，如果使本地企业中标，还能间接地带动当地经济的发展，于是选择了本地企业中标。那么，对于在政府采购招投标中，本地企业能优先吗？

解　析

在政府采购中，公开招标是最主要的形式。公开招标不仅可以使政府得到最优的选择，也可以使资源得到最优的利用，而且这种公开、公正的竞争，有利于各企业不断创新，以提高自身的实力。如果政府在采购招投标中，偏向本地企业，将有违公平、公正原则，使外地企业受到不公正的待遇。我国《反垄断法》第三十四条规定，行政机关不得滥用行政权力排斥或者限制外地经营者参与本地的招标投标活动。我国《政府采购法》第七十一条也规定，对于以不合理的条件对供应商实行差别待遇或者歧视待遇的，采购人、采购代理机构会受到相应的行政处罚。所以，在政府的采购招标投标中，应该以社会及公共利益为出发点，而不能仅从当地企业的发展出发，这样才会实现政府采购公开招标的真正目的。本案中，政府的做法是错误的。

法　条

《中华人民共和国反垄断法》

第三十四条　行政机关和法律、法规授权的具有管理公共事务职能的组织不得滥用行政权力，以设定歧视性资质要求、评审标准或者不依法发布信息等方式，排斥或者限制外地经营者参加本地的招标投标活动。

《中华人民共和国政府采购法》

第六十五条　政府采购监督管理部门应当对政府采购项目的采购活动进行检查，政府采购当事人应当如实反映情况，提供有关材料。

第七十一条 采购人、采购代理机构有下列情形之一的，责令限期改正，给予警告，可以并处罚款，对直接负责的主管人员和其他直接责任人员，由其行政主管部门或者有关机关给予处分，并予通报：

（一）应当采用公开招标方式而擅自采用其他方式采购的；

（二）擅自提高采购标准的；

（三）以不合理的条件对供应商实行差别待遇或者歧视待遇的；

（四）在招标采购过程中与投标人进行协商谈判的；

（五）中标、成交通知书发出后不与中标、成交供应商签订采购合同的；

（六）拒绝有关部门依法实施监督检查的。

7. 在政府采购活动中，与供应商存在利害关系的采购人员是否需要回避？

案情

张某是一名政府工作人员，有一次他负责政府采购活动，选中了李某为负责人的公司为供应商。但是，合作不久后，李某公司供应的器材出现了严重瑕疵，有一些甚至无法使用，对于这一情况的发生，政府展开调查。后经调查发现张某在进入政府工作前一年内曾在李某的公司工作，对于这次的政府采购，张某理应回避而没有回避，应当承担一定的责任。但是张某认为，自己只是在一年前为其工作，不应当回避，而且器材质量存在瑕疵是李某的问题，与自己无关。那么，在政府采购中，对于与供应商存在利害关系的采购人是否需要回避？

解　析

根据我国《政府采购法实施条例》第九条的规定，参加采购活动前三年内与供应商存在劳动关系的采购人员及相关人员应当回避。同时《政府采购法实施条例》第七十条规定，采购人员与供应商有利害关系而不依法回避的，由财政部门给予警告，并处2000元以上2万元以下的罚款。可见，对于案情中的政府工作人员张某来说，其在参加采购活动前一年内与供应商李某的公司存在劳动关系，属于应当回避的对象，而他却没有回避，对于这种不回避的行为应当依法给予警告并处罚款。法律规定与供应商存在利害关系的采购人员需要回避，一方面是为了找到质量最优的供应商；另一方面也是出于公共利益的考虑，避免出现质量不合格产品造成损失。

法　条

《中华人民共和国政府采购法实施条例》

第九条　在政府采购活动中，采购人员及相关人员与供应商有下列利害关系之一的，应当回避：

（一）参加采购活动前3年内与供应商存在劳动关系；

（二）参加采购活动前3年内担任供应商的董事、监事；

（三）参加采购活动前3年内是供应商的控股股东或者实际控制人；

（四）与供应商的法定代表人或者负责人有夫妻、直系血亲、三代以内旁系血亲或者近姻亲关系；

（五）与供应商有其他可能影响政府采购活动公平、公正进行的关系。

供应商认为采购人员及相关人员与其他供应商有利害关系的，可以向采购人或者采购代理机构书面提出回避申请，并说明理由。采购人或者采购代理机构应当及时询问被申请回避人员，有利害关系的被申请回避人员应当回避。

第七十条 采购人员与供应商有利害关系而不依法回避的，由财政部门给予警告，并处2000元以上2万元以下的罚款。

8. 哪些领导干部是经济责任审计的对象？

案 情

唐某就职于某公立大学多年，在2016年9月至2020年3月期间担任该学校经管学院院长，2020年10月，因身体原因，提出辞去公职。2020年12月，学校经济责任审计工作领导小组对唐某进行离任经济责任审计。审计的主要任务是对唐某担任经管学院院长期间履行经济责任情况作出客观评价，包括贯彻执行党和国家、教育部门重大财经政策和决策部署，遵守有关法律法规和财经纪律，执行学校规章制度和经济决策等。那么，哪些领导干部是经济责任审计的对象？

解 析

为了坚持和加强党对审计工作的集中统一领导，强化对党政主要领导干部和国有企事业单位主要领导人员的管理监督，促进领导干部履职尽责、担当作为，确保党中央令行禁止，有关部门会对党政主要领导干部和国有企事业单位主要领导人员进行经济责任审计。所谓经济责任，是指领导干部在任职期间，对其管辖范围内贯彻执行党和国家经济方针政策、决策部署，推动经济和社会事业发展，管理公共资金、国有资产、国有资源，防控重大经济风险等有关经济活动应当履行的职责。

根据《党政主要领导干部和国有企事业单位主要领导人员经济责任审计规定》第四条规定，领导干部经济责任审计对象包括：

（一）地方各级党委、政府、纪检监察机关、法院、检察院的正职领导干部或者主持工作1年以上的副职领导干部；

（二）中央和地方各级党政工作部门、事业单位和人民团体等单位的正职领导干部或者主持工作1年以上的副职领导干部；

（三）国有和国有资本占控股地位或者主导地位的企业（含金融机构，以下统称国有企业）的法定代表人或者不担任法定代表人但实际行使相应职权的主要领导人员；

（四）上级领导干部兼任下级单位正职领导职务且不实际履行经济责任时，实际分管日常工作的副职领导干部；

（五）党中央和县级以上地方党委要求进行经济责任审计的其他主要领导干部。

本案中，唐某作为某大学经管学院院长，属于事业单位的正职领导干部，属于经济责任审计的对象。

法　条

《党政主要领导干部和国有企事业单位主要领导人员经济责任审计规定》

第四条　领导干部经济责任审计对象包括：

（一）地方各级党委、政府、纪检监察机关、法院、检察院的正职领导干部或者主持工作1年以上的副职领导干部；

……

9. 领导干部对履行经济责任过程中的哪些行为应当承担直接责任？

案 情

吕某为某贫困县县委书记，本应把心思用在如何带领全县人民脱贫致富上，而其却致力于大搞“政绩工程”。2019年11月，吕某未经党政领导班子民主决策，直接决定花几千万元资金建设豪华小学。2020年11月，省审计厅对吕某进行任职期间经济责任审计。审计结果表明建设小学的很多资金并没真正用在改善教学上，造成了资金极大浪费。学校建设了很多教师公寓，但是大部分教师家在县城，并不会入住，公寓楼大面积闲置。那么，吕某对履行经济责任过程中的这些行为应当承担直接责任吗？

解 析

领导干部对经济责任审计中发现的问题应当承担相关责任。《党政主要领导干部和国有企事业单位主要领导人员经济责任审计规定》对被审计领导干部履行经济责任过程中存在问题所应承担责任的种类和标准作出了具体的界定。领导干部对履行经济责任过程中存在问题所应当承担的责任分为直接责任、主管责任、领导责任三种。其中，哪些应该承担直接责任呢？

根据《党政主要领导干部和国有企事业单位主要领导人员

经济责任审计规定》第四十条规定，领导干部对履行经济责任过程中的下列行为应当承担直接责任：

（一）直接违反有关党内法规、法律法规、政策规定的；

（二）授意、指使、强令、纵容、包庇下属人员违反有关党内法规、法律法规、政策规定的；

（三）贯彻党和国家经济方针政策、决策部署不坚决不全面不到位，造成公共资金、国有资产、国有资源损失浪费，生态环境破坏，公共利益损害等后果的；

（四）未完成有关法律法规规章、政策措施、目标责任书等规定的领导干部作为第一责任人（负总责）事项，造成公共资金、国有资产、国有资源损失浪费，生态环境破坏，公共利益损害等后果的；

（五）未经民主决策程序或者民主决策时在多数人不同意的情况下，直接决定、批准、组织实施重大经济事项，造成公共资金、国有资产、国有资源损失浪费，生态环境破坏，公共利益损害等后果的；

（六）不履行或者不正确履行职责，对造成的后果起决定性作用的其他行为。

在上面的案例中，吕某作为某贫困县县委书记，盲目上项目，搞“政绩工程”，未经民主决策，直接决定实施重大经济事项，造成国有资产闲置、浪费，应承担直接责任。

法　条

《党政主要领导干部和国有企事业单位主要领导人员经济责任审计规定》

第四十条　领导干部对履行经济责任过程中的下列行为应

当承担直接责任：

（一）直接违反有关党内法规、法律法规、政策规定的；

……

10. 领导干部对履行经济责任过程中的哪些行为应当承担领导责任?

案　情

金某为某省公立职业技术学院院长。2020 年 12 月，该省审计厅决定派出审计组对金某进行任期经济责任审计。在审计过程中，审计组发现该职业技术学院在新校区的建设过程中，存在超规模建设、超计划投资；大宗材料及设备采购未按规定招投标，且财务收支管理混乱；部分基本建设项目违规采用直接发包、邀请招标的形式确定承接方，部分项目被违规分包转包和被个体包工头借用资质承揽；工程完工未及时进行内部核算，导致利润反映不真实等问题。那么，金某需要对履行经济责任过程中的这些行为承担领导责任吗？

解　析

领导干部的领导责任，是指除直接责任和主管责任外，领导干部对其不履行或者不正确履行经济责任的其他行为应当承担的责任。

根据《党政主要领导干部和国有企事业单位主要领导人员经济责任审计规定》第四十一条的规定，领导干部对履行经济责任过程中的下列行为应当承担领导责任：

（一）民主决策时，在多数人同意的情况下，决定、批准、组织实施重大经济事项，由于决策不当或者决策失误造成公共资金、国有资产、国有资源损失浪费，生态环境破坏，公共利益损害等后果的；

（二）违反部门、单位内部管理规定造成公共资金、国有资产、国有资源损失浪费，生态环境破坏，公共利益损害等后果的；

（三）参与相关决策和工作时，没有发表明确的反对意见，相关决策和工作违反有关党内法规、法律法规、政策规定，或者造成公共资金、国有资产、国有资源损失浪费，生态环境破坏，公共利益损害等后果的；

（四）疏于监管，未及时发现和处理所管辖范围内本级或者下一级地区（部门、单位）违反有关党内法规、法律法规、政策规定的问题，造成公共资金、国有资产、国有资源损失浪费，生态环境破坏，公共利益损害等后果的；

（五）除直接责任外，不履行或者不正确履行职责，对造成的后果应当承担责任的其他行为。

在上面的案例中，金某作为某省职业技术学院院长，疏于监管，未及时发现和处理学院在新校区建设过程中存在的有关违法、违规问题，应该承担领导责任。

法　条

《党政主要领导干部和国有企事业单位主要领导人员经济责任审计规定》

第四十一条　领导干部对履行经济责任过程中的下列行为应当承担领导责任：

（一）民主决策时，在多数人同意的情况下，决定、批准、组织实施重大经济事项，由于决策不当或者决策失误造成公共资金、国有资产、国有资源损失浪费，生态环境破坏，公共利益损害等后果的；

……

11. 经济责任审计结果对领导干部具有怎样的意义?

案情

郑某是某区人民法院副院长，自2019年6月至2020年8月期间主持单位工作。2020年10月，审计局决定派出审计组对郑某进行任期经济责任审计。审计组对郑某从遵纪守法、反腐倡廉，单位重大经济事项决策情况，法院执行款管理情况和法院罚没财物管理情况等方面进行了审计。审计结果表明，区人民法院全面贯彻国家司法审判的相关方针政策，始终将执法办案作为第一要务，切实履行审判职能，有效地维护了社会公平正义。区人民法院注重加强内控制度建设，建立健全了《财务管理制度》等资产管理和财务管理的内控制度，对财政制度和财经纪律等都有明确的规定和要求。相关资料较为客观真实地反映了单位财务收支情况，但在执行款管理、核算方面还存在一些小问题。后区人民法院根据审计结果中发现的问题立即进行了整改。2021年3月，区组织部门参考本次经济责任审计结果和整改情况以及郑某其他方面的优秀表现，拟将郑某提拔为区人民法院院长。那么，经济责任审计结果对领导干部具有怎样的意义？

解　析

领导干部经济责任审计将审计监督引入干部管理，是增强领导干部依法履行经济责任意识的重要手段，是完善领导干部管理和监督的重要机制，是促进领导干部勤政、廉政，预防腐败的重要制度保证。

根据《党政主要领导干部和国有企事业单位主要领导人员经济责任审计规定》第四十四条的规定，经济责任审计结果以及整改情况会作为考核、任免、奖惩被审计领导干部的重要参考，对领导干部来讲，具有切实的意义。此外，对于加强新形势下干部的监督管理、促进党风廉政建设、提升机关效能等，也具有重要的意义。在上面的案例中，郑某作为主持工作超过一年的副院长，在经济责任审计过程中，得到了较高的审计评价结果，是成就其拟被提拔为院长的重要因素。

法　条

《党政主要领导干部和国有企事业单位主要领导人员经济责任审计规定》

第四十四条　各级党委和政府应当建立健全经济责任审计情况通报、责任追究、整改落实、结果公告等结果运用制度，将经济责任审计结果以及整改情况作为考核、任免、奖惩被审计领导干部的重要参考。

经济责任审计结果报告以及审计整改报告应当归入被审计领导干部本人档案。

第十二章

生态环境保护法律

近些年来，我们国家生态环境状况不尽如人意，人民群众对改善环境的呼声越发高涨。而在工业发展的同时，我们也逐渐意识到了环境保护的重要性，可谓既要“金山银山”，又要“绿水青山”。保护环境和经济增长实质上是相互制约和依存的，并非保护环境就一定会损害经济发展，只要我们找到了正确的经济发展方向，做好传统经济的有效转型，就可以在发展经济的同时保证环境不被污染。而这些环保工作都需要在我们党和政府的领导下进行，其中，党政机关的领导干部又发挥着不可代替的带头作用。

1. 环境保护应该坚持哪些原则？

案　情

近几年来，A市一到冬季就会出现雾霾天气，给人们的生活带来了许多的麻烦，也给人们的健康带来了威胁。为了解决雾霾问题，全市各个机关单位的领导们都开始行动起来，为治理雾霾献计献策。后来，该市的市领导请来了某个高校研究环境保护的专家吴某，为全市的领导干部们召开了一个会议。在会议中，吴某不断提到要严格遵守我国环境保护的原则，并在该原则的指导下进行环境的治理工作。那么，环境保护应该坚持哪些原则呢？

解　析

根据我国《环境保护法》第五条的规定可知，环境保护应该坚持保护优先、预防为主、综合治理、公众参与、损害担责的原则。其中，保护优先是指应该把保护环境放在优先的位置加以考虑，在其他利益和环境保护发生冲突时，应该优先考虑保护环境，在满足环境保护需要的同时再作出其他决定。预防为主是指在管理环境时，应通过计划、规划及各种管理手段，提前采取一些防范性措施，防止环境损害的发生。坚持预防为主原则可以尽量避免环境损害，防患于未然，而对于不可避免的污染，可以通过各种净化治理措施最大限度地减少环境污染。综合治理是指环境保护应当在党和政府的领导下，强化环保部门的职权，并依靠其他部门的配合，通过各种措施和手段从各个方面共同努力，综合防治环境污染。公众参与是指在治理环境或者保护环境的过程中，应该充分调动群众的积极性，让公众们参与到环境保护这个大工程中来，在自己遵守相关规则的同时积极监督他人。损害担责是指对于损害环境的单位和个人，必须对自己破坏环境的行为承担责任，尤其是在我国《环境保护法》出台以后，更是对损害环境的法律责任进行了细致的规定，违法行为必将严惩不贷，行为人必须自己承担损害责任。

法 条

《中华人民共和国环境保护法》

第五条 环境保护坚持保护优先、预防为主、综合治理、公众参与、损害担责的原则。

2. 环境保护目标责任制和考核评价制度是怎么回事？

案 情

张某是某地区生态环境局的领导干部。不久前，上级下达文件，要求各个地区的环保部门积极配合相关部门做好污染企业转型工作，并向各个地区下发了具体的环境质量标准和改善目标。张某领导本单位的工作人员积极响应上级的号召，努力完成任务，达到了既定目标。张某对工作人员称这是在执行国家的环境保护目标责任制和考核评价制度，他们最终的工作成果是会进行考核的。那么，环境保护目标责任制和考核评价制度到底是怎么回事呢？

解　析

环境保护目标责任制和考核评价制度是我国环境体制的一项举措，也是一项行政管理制度，是指将环境保护具体落实到地方各级政府以及有污染的单位，并通过签订责任书让这些政府和单位对环境质量负责。而对于环境目标的完成情况，则成为对该单位进行考核评价的一个标准。我国《环境保护法》第二十六条规定，国家实行环境保护目标责任制和考核评价制度。县级以上人民政府应当将环境保护目标完成情况纳入对本级人民政府负有环境保护监督管理职责的部门及其负责人和下级人民政府及其负责人的考核内容，作为对其考核评价的重要依据。考核结果应当向社会公开。

政府通过这种目标化、制度化的管理办法，把贯彻执行环境保护这一国策作为规范各级领导及其工作人员的行为准则，从而可以更有效地推动环保工作的全面进行。

法　条

《中华人民共和国环境保护法》

第二十六条　国家实行环境保护目标责任制和考核评价制度。县级以上人民政府应当将环境保护目标完成情况纳入对本级人民政府负有环境保护监督管理职责的部门及其负责人和下级人民政府及其负责人的考核内容，作为对其考核评价的重要依据。考核结果应当向社会公开。

3. 县级以上人民政府在环保工作上受谁监督？

案 情

大河县政府不久前召开会议，就本县的环境保护问题进行了讨论研究，并制定了环境改善成果目标，作出了工作部署。后来，群众发现有的领导干部没有积极工作，对污染治理工作毫不上心，也没有切实顾及大多数群众的利益，于是群众就进行了举报。但是，举报到大河县政府以后，该县政府并没有及时作出回应。于是，群众就开始讨论大河县人民政府的环保工作应该受到谁的监督，有人说应该受到群众的监督，有人说应该是县长和县委书记监督，也有人说应该是县人大及其常务委员会监督。其中，一名吴姓群众说自己的儿子就在县政府工作，他肯定知道。那么，小吴应该怎样回答父亲和其他群众的疑问呢？县级以上人民政府在环保工作上到底应该受谁监督呢？

解 析

县级以上人民政府在环保工作上受本级人大及其常委会的监督。我国《环境保护法》第二十七条规定，县级以上人民政府应当每年向本级人民代表大会或者人民代表大会常务委员会报告环境状况和环境保护目标完成情况，对发生的重大环境事件应当及时向本级人民代表大会常务委员会报告，依法接受监督。据此可知，在本案中，大河县人民政府的环保工作应该受到大河县人民代表大会及其常务委员会的监督。我们都知道，人民代表大会是人民选举而来的国家权力机关，并且代表着人民的利益，将监督政府环境工作情况的权力给予人民代表大会及其常务委员会，其实就是赋予了当地的人民，也是在接受人民的监督。当然，每个公民也可以对各个机关的环保工作进行监督和检举，公民的监督是社会监督的一种，将环保工作置于群众的监督之下，能够保证各个单位更有效地进行环保工作。

法　条

《中华人民共和国环境保护法》

第二十七条　县级以上人民政府应当每年向本级人民代表大会或者人民代表大会常务委员会报告环境状况和环境保护目标完成情况，对发生的重大环境事件应当及时向本级人民代表大会常务委员会报告，依法接受监督。

4. 法律对加强农业环境的保护是如何规定的?

案　情

上个月，某县政府为了加强对农业环境的保护，与当地生态环境局和农业局的两个领导干部进行了商谈。由于本地大部分农村地区条件比较落后，再加上地质原因，该地经常出现水土流失的情况，土地贫瘠化的现象就越来越严重。因此，县政府打算让生态环境局和农业局互相配合，对当地的农业环境进行改善。生态环境局的领导干部王局长称加强农业环境的保护已经迫在眉睫，必须进行改善。同时，王局长提出，应该在不违背法律规定的情况下采取一些环保措施。那么，法律对加强农业环境的保护作出过规定吗？是如何规定的呢？

解 析

我国《环境保护法》第三十三条对加强农业环境的保护作出了明确规定，即各级人民政府应当加强对农业环境的保护，促进农业环境保护新技术的使用，加强对农业污染源的监测预警，统筹有关部门采取措施，防治土壤污染和土地沙化、盐渍化、贫瘠化、石漠化、地面沉降以及防治植被破坏、水土流失、水体富营养化、水源枯竭、种源灭绝等生态失调现象，推广植物病虫害的综合防治。县级、乡级人民政府应当提高农村环境保护公共服务水平，推动农村环境综合整治。在我国，有将近九亿农民，农村土地面积非常广袤，农业对社会的发展起着至关重要的作用，因而农村环境的保护也就成了国家环境保护的关键一环。而我国山区居多，农村的优质土地或者平原地区的土地相对较少，受地质环境的影响，改善农村生态环境比较棘手。正是在这种情况下，就更要充分发挥领导干部的带头作用，不但领导干部自己要积极献计献策，还要带领群众一同努力，为农村环境的改善贡献自己的一份力量。

法 条

《中华人民共和国环境保护法》

第三十三条 各级人民政府应当加强对农业环境的保护，促进农业环境保护新技术的使用，加强对农业污染源的监测预警，统筹有关部门采取措施，防治土壤污染和土地沙化、盐渍化、贫瘠化、石漠化、地面沉降以及防治植被破坏、水土流失、水体富营养化、水源枯竭、种源灭绝等生态失调现象，推广植物病虫害的综合防治。

县级、乡级人民政府应当提高农村环境保护公共服务水平，推动农村环境综合整治。

5. 对于环境污染突发事件，有关人民政府应该怎么做？

案 情

某化工厂自成立至今已有15年之久，其具备所有的资质并是依法成立的。2020年10月，该化工厂突然发生爆炸，所幸爆炸发生在晚上，多数员工在家休息，幸免于这场灾难，但也有不少夜间工作人员受伤甚至死亡。爆炸发生以后，当地政府对此事十分重视，专门成立了调查小组，并由刘副市长担任调查小组组长。由于爆炸严重，甚至在爆炸发生的第二天，化工厂所在区域的空气中仍然弥漫着化学颗粒，并伴有刺鼻的气味。整个区域的居民都紧闭门窗，不敢出行。刘副市长看到这一现象十分着急，遂召开了紧急会议商量对策。那么，对于这种环境污染突发事件，人民政府应该怎么做呢？

解 析

本案中，化工厂突然爆炸，政府专门成立调查小组，这一做法是正确的。后来，因爆炸产生了严重的环境污染问题，致使周围居民家门紧闭，不敢外出，表明此次爆炸事件已经在群众中造成了恐慌，影响了附近居民的正常生活，此时，当地政府应该根据我国《环境保护法》第四十七条的规定及时进行处理。即政府应该及时做好突发环境事件的风险控制、应急准备、应急处置和事后恢复等工作。同时，就本案而言，由于化工厂附近的空气中弥漫着化学颗粒，并伴有刺鼻的气味，这很可能会影响公众的健康，在这种情况下，政府还应该依法及时公布预警信息，启动应急措施。在突发环境事件应急处置工作结束后，当地政府还应当立即组织人员评估事件造成的环境影响和损失，并及时将评估结果向社会公布，消除群众的恐慌心理。当然，在政府做好上述工作的同时，化工厂也应该积极采取措施进行处理，避免更大的损害发生。

法条

《中华人民共和国环境保护法》

第四十七条 各级人民政府及其有关部门和企业事业单位，应当依照《中华人民共和国突发事件应对法》的规定，做好突发环境事件的风险控制、应急准备、应急处置和事后恢复等工作。

县级以上人民政府应当建立环境污染公共监测预警机制，组织制定预警方案；环境受到污染，可能影响公众健康和环境安全时，依法及时公布预警信息，启动应急措施。

企业事业单位应当按照国家有关规定制定突发环境事件应急预案，报环境保护主管部门和有关部门备案。在发生或者可能发生突发环境事件时，企业事业单位应当立即采取措施处理，及时通报可能受到危害的单位和居民，并向环境保护主管部门和有关部门报告。

突发环境事件应急处置工作结束后，有关人民政府应当立即组织评估事件造成的环境影响和损失，并及时将评估结果向社会公布。

6. 对于农村饮水保护等，政府应该安排财政预算吗?

案　情

大海是某县小朱村的村民。半个月前，大海喝了村子里的井水而中毒身亡。这件事情发生以后，当地政府的领导干部侯某非常重视，遂进行了调查。经查，小朱村村民很多年来一直饮用这口井里的水，从未发生过异常。可是最近一段时间，井里的水没有之前那么清澈了，尤其是早晨，井水有些浑浊，而且不仅是大海，还有一些人饮用井水后身体感到不适。对于这一情况，侯某经分析认为是由周边乡镇企业污染所致，于是开始对相关的企业进行调查。同时，侯某打算向政府领导们反映这个情况，并建议从下一年度的政府财政预算中安排资金，用于本地农村饮用水水源的保护。那么，对于农村饮用水的保护，政府应该安排财政预算吗?

解　析

就本案中的情形，侯某提议安排财政预算给当地农村，用于饮用水的保护，这一措施实际上是法律明确要求应该为之的行为。我国《环境保护法》第五十条明确规定，各级人民政府应当在财政预算中安排资金，支持农村饮用水水源地保护、生活污水和其他废弃物处理、畜禽养殖和屠宰污染防治、土壤污染防治和农村工矿污染治理等环境保护工作。水，可谓生命之源，虽然很多地区都使用上了自来水，但是现在仍有不少农村村民都是饮用村子里的井水，而近些年却经常有农村井水被污染的事件发生。主要是由于乡镇企业的发展，多数企业排污处理不达标，甚至一些无证经营的民间作坊肆意污染环境，才使得周围村子的井水受到影响，从而威胁到了村民的生命健康。据此，对于农村饮用水的保护就显得尤为关键，政府必须采取措施进行保障，所以法律规定，应该由国家财政拨款对农村的饮用水进行保护。

法 条

《中华人民共和国环境保护法》

第五十条 各级人民政府应当在财政预算中安排资金，支持农村饮用水水源地保护、生活污水和其他废弃物处理、畜禽养殖和屠宰污染防治、土壤污染防治和农村工矿污染治理等环境保护工作。

7. 上级发现下级人民政府中的有关工作人员有违法行为的，应该如何做？

案 情

王某是某区政府的工作人员，负责该区的环境治理工作。何某是该区所在市的政府办公室主任。在区环境管理部门对各个企业进行各项指标检查时，因某企业的总经理张某是王某的表弟，王某示意检查人员对张某的企业进行“免检”。但是张某的企业污水排放量严重超标，按照相关规定应该及时进行停业整顿，但因王某的违法袒护，张某的企业继续营业并严重污染了环境。后来，这件事情被何某得知，何某既想做好工作，又不愿意因工作而得罪王某，犹豫了很久也不知道该怎么办。那么，如果上级发现下级人民政府中的有关工作人员有违法行为，应该如何做呢？

解　析

本案中，何某应该及时向市政府反映情况，并由相关部门依法对王某和张某的违法行为作出处理。这一做法规定在我国《环境保护法》第六十七条当中，即上级人民政府及其环境保护主管部门应当加强对下级人民政府及其有关部门环境保护工作的监督。发现有关工作人员有违法行为，依法应当给予处分的，应当向其任免机关或者监察机关提出处分建议。依法应当给予行政处罚，而有关环境保护主管部门不给予行政处罚的，上级人民政府环境保护主管部门可以直接作出行政处罚的决定。本案中，王某作为政府工作人员，其不仅没有依法进行环境污染的监督和整治，反而徇私枉法，其行为除了违反环保法律法规的规定外，甚至可能会触犯我国《刑法》所规定的“滥用职权”，涉嫌犯罪。面对这样的违法行为，上级政府发现以后应该及时告知其所在的区政府并由区政府对王某进行处分。当然，如果区政府拒不对王某进行处罚，那么上级政府也可以直接对王某进行处分。而对于张某的行为，由于其经营的企业存在污染环境的行为，相关部门也应当依法及时查处。

法　条

《中华人民共和国环境保护法》

第六十七条　上级人民政府及其环境保护主管部门应当加强对下级人民政府及其有关部门环境保护工作的监督。发现有关工作人员有违法行为，依法应当给予处分的，应当向其任免机关或者监察机关提出处分建议。

依法应当给予行政处罚，而有关环境保护主管部门不给予行政处罚的，上级人民政府环境保护主管部门可以直接作出行政处罚的决定。

第十三章

生产安全与食品安全法律

不管是生产安全，还是食品安全，都是关乎民生的大事情。2018 年 7 月，中共中央办公厅、国务院办公厅印发了《地方党政领导干部安全生产责任制规定》。该规定是我国安全生产领域第一部党内法规，是深入贯彻习近平新时代中国特色社会主义思想和党的十九大精神，强化地方各级党政领导干部“促一方发展、保一方平安”政治责任的基础性制度安排，广大党员干部应当加强对该规定的学习，切实领会并贯彻实施。在食品安全方面，2019 年 2 月，中共中央办公厅、国务院办公厅印发了《地方党政领导干部食品安全责任制规定》。该规定对于强化食品安全属地管理责任、健全食品安全工作责任制等具有重要的意义。广大党员干部在保障人民群众“舌尖上的安全”方面具有统领性的作用，应切实把责任落到实处。

1. 领导干部迟报、漏报、谎报或者瞒报生产安全事故的法律后果是什么?

案　情

近日，某市某煤矿在非法开采过程中，引发瓦斯爆炸，造成多人死亡。张某是该市的煤管局党组副书记、局长，在事故发生后，因为害怕影响政绩、承担责任，未及时向上级主管部门上报情况，并瞒报事故发生及人员伤亡情况。后来，此次事故的受害人以及媒体将该事件在网络上进行曝光，引起了社会各界的广泛关注，并在社会上造成了十分恶劣的影响。该市有关部门在获悉事故可能涉嫌瞒报等情况后，立刻展开调查。后张某因严重违纪并涉嫌犯罪，被移送司法机关依法处理。那么，领导干部迟报、漏报、谎报或者瞒报生产安全事故的法律后果是什么呢?

解　析

领导干部迟报、漏报、谎报或者瞒报生产安全事故的，轻则被问责，受到相应的行政处分，重则承担刑事责任。根据《地方党政领导干部安全生产责任制规定》第十八条和第十九条的规定，地方党政领导干部在落实安全生产工作责任中存在下列情形之一的，应当按照有关规定进行问责：

（一）履行本规定第二章所规定职责不到位的；

（二）阻挠、干涉安全生产监管执法或者生产安全事故调查处理工作的；

（三）对迟报、漏报、谎报或者瞒报生产安全事故负有领导责任的；

（四）对发生生产安全事故负有领导责任的；

（五）有其他应当问责情形的。

对存在上述情形之一的责任人员，应当根据情况采取通报、诫勉、停职检查、调整职务、责令辞职、降职、免职或者处分等方式问责；涉嫌职务违法犯罪的，由监察机关依法调查处置。

在本案中，张某作为该市的煤管局党组副书记、局长，对煤矿事故的发生有报告的职责。在得知事故发生后，其应该及时将有关情况上报上级主管部门，不能因为害怕影响自己的政绩而瞒报，这可能会造成更严重的后果。因此，对于张某瞒报的行为，要根据实际情况给予其相应的处罚。

法　条

《地方党政领导干部安全生产责任制规定》

第十八条　地方党政领导干部在落实安全生产工作责任中存在下列情形之一的，应当按照有关规定进行问责：

（一）履行本规定第二章所规定职责不到位的；

……

第十九条　对存在本规定第十八条情形的责任人员，应当根据情况采取通报、诫勉、停职检查、调整职务、责令辞职、降职、免职或者处分等方式问责；涉嫌职务违法犯罪的，由监察机关依法调查处置。

2. 安全生产“一票否决”制是怎么回事?

案　情

为加速城市的发展，某市力图构建系统、完善的交通网络。根据国家的规划，该市正在修建一条新的铁路，由于安全防护措施没有做到位，导致发生了重大的塌方事故，造成多人伤亡，形成了不良的社会影响。在事故发生后，该市政府迅速采取应对措施，抚慰在事故中受伤的人员并给予了赔偿。张某是该市铁路局局长，近几年政绩十分突出，因此被推选为优秀干部评选活动的候选人。但因为该事件的发生，其评选优秀干部的资格被取消，同时还受到了行政处分，据说是运用了“一票否决”制度。那么，安全生产“一票否决”制度究竟是怎么回事，对领导干部有何影响?

解　析

安全生产“一票否决”制度包含两个方面的内容，一方面是指要加大对地方党政领导干部关于安全生产考核的力度，根据《地方党政领导干部安全生产责任制规定》第二十条的规定，如果上述人员对发生的重大以上事故负有领导责任，就要取消其考核评优、评选各类先进的资格，且不得晋升职务、级别或者重用任职；另一方面该制度是对市场准入标准的要求，即在招商引资或者改扩建项目中，只要项目不具备安全生产条件就会被否决。对于地方党政领导干部安全生产责任制来讲，安全生产“一票否决”制度对应的是上面所讲的第一方面。

在本案中，张某作为铁路局局长，在其任职负责期间，导致发生重大的塌方事故，造成多人伤亡，形成恶劣的社会影响，应该对其进行问责追究，追究相关领导责任。虽然张某的政绩突出，可由于上述事故的发生，根据安全生产“一票否决”制度，则要取消其考核评优和评选各类先进的资格，并且不得晋升职务、级别或者重用任职。“一票否决”制度可以激发领导干部们的创造性和主观能动性，提高工作效率，以此来保证政令畅通。

法 条

《地方党政领导干部安全生产责任制规定》

第二十条 严格落实安全生产“一票否决”制度，对因发生生产安全事故被追究领导责任的地方党政领导干部，在相关规定时限内，取消考核评优和评选各类先进资格，不得晋升职务、级别或者重用任职。

3. 退休前负责的安全生产项目因存在隐患而造成严重后果的，退休后也会被追究责任吗？

案 情

为了促进经济的发展，某市决定在郊区新修建一个车站，以此来带动本市旅游业的发展。李某是该市交通管理局副局长，由他负责主持此次工程。后来，经过公开招投标，该市某建筑有限公司对该工程进行承包。由于该建筑有限公司的股东之一是李某的远房亲戚，所以在工程验收的时候，在李某的授意下，工作人员仅仅是象征性地走了流程，未进行实质检验。后来，该车站发生严重的火灾，造成多人受伤。经查明，该建筑的消防设施、设备以及消防安全标志等一系列消防安全管理措施都不健全，既没有经过消防设计审核又没有拿到相关的消防验收证明。李某在两年前已经退休，这件事发生之后，有关部门迅速采取行动，通过层层追查得知李某是该项目的负责人，遂对李某进行问责追究。那么，党政领导干部对其退休前负责的安全生产项目因存在隐患而造成严重后果的，退休后会被追究责任吗？

解 析

根据《地方党政领导干部安全生产责任制规定》第二十四条的规定，地方党政领导干部对发生生产安全事故负有领导责任且失职失责性质恶劣、后果严重的，不论是否已调离转岗、提拔或者退休，都应当严格追究其责任。也就是说，“不在其位”并不能成为免责的理由，在离开具体岗位或者退休的情形下，该追究责任的还是要追究责任。

在本案中，李某作为交通管理局副局长，有职责对车站修建工程进行监督，对建筑质量进行把关。但是，李某在履职过程中不认真对待，甚至出现违规“授意”，从而造成严重的安全事故，给人民群众带来莫大伤害，这是对公众的生命安全不负责。根据上述规定，尽管该工程是李某退休前负责的项目，但李某仍要为其负责，出现问题仍要对其追究责任。如果构成刑事责任的，还要承担刑事责任。

法　条

《地方党政领导干部安全生产责任制规定》

第二十四条　地方党政领导干部对发生生产安全事故负有领导责任且失职失责性质恶劣、后果严重的，不论是否已调离转岗、提拔或者退休，都应当严格追究其责任。

4. 地方各级党委主要负责人的食品安全职责内容有哪些？

案　情

随着“双十一”的到来，某国企食品有限公司的网络销售量暴增，由于前期的准备工作没有做好，所以整个生产部门都陷入手忙脚乱的境地。为了加快进度，该公司将还没有经过质检的材料投入到生产线中，结果导致很多消费者在食用了其生产的食品后都出现了头晕、呕吐、腹泻的症状。某市党委书记李某在接到群众的举报、投诉之后，迅速责令市场监督管理局组成调查小队对该事件进行了严肃的处理，并帮助众多消费者维权，使得该事件的处理结果在社会上得到了广泛的认可。此外，该事件也被作为典型事例用于食品安全工作的宣传。那么，李某作为地方机关党委主要负责人，其食品安全职责的具体内容有哪些呢？

解　析

根据《地方党政领导干部食品安全责任制规定》第七条的规定，地方各级党委主要负责人应当全面加强党对本地区食品安全工作的领导，认真贯彻执行党中央关于食品安全工作的方针政策、决策部署和指示精神，上级党委的决定和相关法律法规要求，职责主要包括：

（一）组织学习贯彻习近平总书记关于食品安全工作的重要指示批示精神和党中央关于食品安全工作的方针政策、决策部署，不断提高地方党政领导干部的政治站位，增强做好食品安全工作的责任感和使命感；

（二）全面加强党对本地区食品安全工作的领导，将食品安全工作作为向党委全会报告的重要内容；

（三）建立健全党委常委会委员食品安全相关工作责任清单，督促党委常委会其他委员履行食品安全相关工作责任，并将食品安全工作纳入地方党政领导干部政绩考核内容；

（四）开展食品安全工作专题调研，召开党委常委会会议或者专题会议，听取食品安全工作专题汇报，及时研究解决食品安全工作重大问题，推动完善食品安全治理体系；

（五）加强食品安全工作部门领导班子建设、干部队伍建设和机构建设，不断提升食品安全治理能力；

（六）协调各方重视和支持食品安全工作，加强食品安全宣传，把握正确舆论导向，营造良好工作氛围。

在本案中，李某作为某市的党委书记，对于群众的投诉、举报行为积极作为，认真、积极地履行自己的职责，全心全意为人民服务，是其他工作人员学习的榜样。

法条

《地方党政领导干部食品安全责任制规定》

第七条 地方各级党委主要负责人应当全面加强党对本地

区食品安全工作的领导，认真贯彻执行党中央关于食品安全工作的方针政策、决策部署和指示精神，上级党委的决定和相关法律法规要求，职责主要包括：

（一）组织学习贯彻习近平总书记关于食品安全工作的重要指示批示精神和党中央关于食品安全工作的方针政策、决策部署，不断提高地方党政领导干部的政治站位，增强做好食品安全工作的责任感和使命感；

……

5. 地方各级政府主要负责人的食品安全职责内容有哪些？

案　情

近日，某高校发生了一起严重的食物中毒事件，引发了社会的高度关注，该市市场监督管理局迅速组成稽查小队，并以该局副局长张某为队长对该事件进行调查。杨某是事发高校食堂的总负责人，私底下与大学同学张某，关系十分亲密。在调查过程中，张某怠于履行职责，仅仅是将调查取证的流程走完，而相关的鉴定意见、调查结果迟迟未出，导致上述事件久拖未决。该市市场监督管理局经研究决定，撤销了张某队长的职位并对其进行了教育批评。后来，此事得到了该市市长的关注，市长严令有关部门彻查此事。那么，作为地方各级政府主要负责人，其食品安全职责的具体内容由哪些构成呢？

解　析

根据《地方党政领导干部食品安全责任制规定》第八条的

规定，地方各级政府主要负责人应当加强对本地区食品安全工作的领导，认真贯彻执行党中央、国务院关于食品安全工作的方针政策、决策部署和指示精神，上级党委和政府、本级党委的决定和相关法律法规要求，职责主要包括：

（一）领导本地区食品安全工作，组织推动地方政府落实食品安全属地管理责任；

（二）坚持新发展理念，正确处理发展和安全的关系，将食品安全工作纳入本地区国民经济和社会发展规划、政府工作重点，并接受人大、政协的监督；

（三）建立健全本地区食品安全监管责任体系，明确本级政府领导班子成员食品安全工作责任和政府相关部门食品安全工作职责，指导督促政府领导班子成员和相关部门落实工作责任；

（四）加强食品安全监管能力、执法能力建设，整合监管力量，优化监管机制，提高监管、执法队伍专业化水平，建立健全食品安全财政投入保障机制，保障监管、执法部门依法履职必需的经费和装备；

（五）开展食品安全工作专题调研，组织召开政府常务会议、办公会议或者专题会议，听取本地区食品安全工作汇报，及时研究解决食品安全工作突出问题；

（六）落实高质量发展要求，推进食品及食品相关产业转型升级，不断提高产业发展水平。

法　条

《地方党政领导干部食品安全责任制规定》

第八条　地方各级政府主要负责人应当加强对本地区食品

安全工作的领导，认真贯彻执行党中央、国务院关于食品安全工作的方针政策、决策部署和指示精神，上级党委和政府、本级党委的决定和相关法律法规要求，职责主要包括：

（一）领导本地区食品安全工作，组织推动地方政府落实食品安全属地管理责任；

……

6. 地方党政领导干部在食品安全工作中的哪些行为会得到表彰？

案　情

近日，某市公安局局长刘某带头组织开展夜间打击走私巡逻行动。在一次执法过程中，当执勤民警姜某驾驶公务艇行驶到某港口时，发现三艘可疑的铁壳船。船上装有多个打包好的包装袋，并用绿色罩网遮盖住。姜某敏锐发现这三艘铁壳船可能涉嫌走私，遂马上将该情况告知同行的其他工作人员，然后驾艇靠近并登船检查。经现场检查，执勤民警将船上的三名嫌疑人全部抓获。经查看，船上装载的是一批冻货，包含冷冻鸡鸭等，但未配备任何手续及相关信息。在过去的半年内，市局夜间打击走私活动破获了多起走私食品案件，局长刘某及相关干警也受到了表彰奖励。那么请问，地方党政领导干部在食品安全工作中的哪些行为会得到表彰？

解　析

根据《地方党政领导干部食品安全责任制规定》第十六条

的规定，地方党政领导干部在食品安全工作中敢于作为、勇于担当、履职尽责，有下列情形之一的，按照有关规定给予表彰奖励：

（一）及时有效组织预防食品安全事故和消除重大食品安全风险隐患，使国家和人民群众利益免受重大损失的；

（二）在食品安全工作中有重大创新并取得显著成效的；

（三）连续在食品安全工作评议考核中成绩优秀的；

（四）作出其他突出贡献的。

在本案中，刘某领导干警在打击走私巡逻的行动中，将没有任何安全质量保证的走私食品查处，将可能让人民群众遭受损失的危险源消除，保障了人民群众的生命安全，应当给予表彰奖励。对这些行为给予奖励，不仅有助于激发工作人员的工作激情，提高工作效率，同时也给其他工作人员树立了良好的榜样。

法　条

《地方党政领导干部食品安全责任制规定》

第十六条　地方党政领导干部在食品安全工作中敢于作为、勇于担当、履职尽责，有下列情形之一的，按照有关规定给予表彰奖励：

（一）及时有效组织预防食品安全事故和消除重大食品安全风险隐患，使国家和人民群众利益免受重大损失的；

……

7. 地方党政领导干部在履行食品安全责任的过程中的哪些行为会被问责?

案 情

近日，某进口品牌奶粉经某知名带货主播的推荐而迅速走红，在市面上被一扫而空，并且长期处于断货的状态。王某是某婴幼儿制品公司的董事长，见到如此商机，遂找到其舅舅唐某，要求协助他通关该品牌奶粉。唐某是该市海关关长，他利用其职务上的便利，将唐某未履行相关质量检查的该品牌奶粉大量放行入境。后来，该奶粉被查出有质量问题，在社会上引起了热烈的关注和讨论。该市的公安机关迅速采取措施，进行立案侦查，将王某等人抓获。同时，唐某被问责，市监察机关介入调查。那么，地方党政领导干部在履行食品安全责任的过程中还有哪些行为会被问责?

解 析

根据《地方党政领导干部食品安全责任制规定》第十七条的规定，地方党政领导干部在落实食品安全工作责任中有下列情形之一的，应当按照有关规定进行问责：

（一）未履行本规定职责和要求，或者履职不到位的；

（二）对本区域内发生的重大食品安全事故，或者社会影响恶劣的食品安全事件负有领导责任的；

（三）对本区域内发生的食品安全事故，未及时组织领导有关部门有效处置，造成不良影响或者较大损失的；

（四）对隐瞒、谎报、缓报食品安全事故负有领导责任的；

（五）违规插手、干预食品安全事故依法处理和食品安全违法犯罪案件处理的；

（六）有其他应当问责情形的。如果地方党政领导干部有上述所列情形的，要按照干部管理权限依规依纪依法进行问责。涉嫌职务违法犯罪的，由监察机关依法调查处置。

在本案中，唐某作为国家机关工作人员，利用职务上的便利，为他人实施走私行为提供帮助，涉嫌职务犯罪，应由监察机关依法调查处置。

法　条

《地方党政领导干部食品安全责任制规定》

第十七条　地方党政领导干部在落实食品安全工作责任中有下列情形之一的，应当按照有关规定进行问责：

（一）未履行本规定职责和要求，或者履职不到位的；

……

第十八条　地方党政领导干部有本规定第十七条所列情形的，按照干部管理权限依规依纪依法进行问责。涉嫌职务违法犯罪的，由监察机关依法调查处置。

图书在版编目（CIP）数据

领导干部应知应会法律知识学习手册：以案普法版 / 中国法制出版社编．—北京：中国法制出版社，2021.6

（公民法治素养提升丛书）

ISBN 978－7－5216－1923－2

Ⅰ．①领… Ⅱ．①中… Ⅲ．①法律－中国－通俗读物 Ⅳ．①D920.5

中国版本图书馆 CIP 数据核字（2021）第 106798 号

责任编辑　程　思　　　　封面设计　蒋　怡

领导干部应知应会法律知识学习手册：以案普法版

LINGDAO GANBU YINGZHI YINGHUI FALÜ ZHISHI XUEXI SHOUCE：YI AN PUFABAN

经销/新华书店

印刷/三河市国英印务有限公司

开本/880 毫米×1230 毫米　32 开　　　　印张/ 8.75　字数/ 146 千

版次/2021 年 7 月第 1 版　　　　2021 年 7 月第 1 次印刷

中国法制出版社出版

书号 ISBN 978－7－5216－1923－2　　　　定价：36.00 元

北京西单横二条 2 号

邮政编码 100031　　　　传真：010－66031119

网址：http：//www.zgfzs.com　　　　**编辑部电话：010－66066620**

市场营销部电话：010－66033393　　　　**邮购部电话：010－66033288**

（如有印装质量问题，请与本社印务部联系调换。电话：010－66032926）